インテリアデザイナー
吉田恵美
Satomi Yoshida

ニューヨークのクライアントを魅了する「もう一度会いたい」と思わせる会話術

Interiors For Life
Engaging and Retaining Clients
Through Participatory Design

新潮社

ニューヨークのクライアントを魅了する

「もう一度会いたい」と思わせる会話術

目次

第3章　私が心がけていること　51

第4章　仕事の進め方〈基礎編〉　73

第8章　仕事への姿勢はこうして生まれた　155

本書を、どんな時も
支え続けてくれた最愛の夫トッド、
笑顔で励まし続けてくれた息子達、
マックスウェルとグレイソン、
私の生涯のメンター（恩師）である父、正夫に、
そして、私にコミュニケーションの大切さ、
人との向き合い方や
デザインの本質を教えてくれた
すべてのクライアントに捧げます。

Writing this book would not have been possible
without the support of my family.
My dearest husband, Todd, his support
and understanding were unwavering.
I deeply appreciate my loving sons, Maxwell and Grayson.
They stood by me throughout this journey.
My dearest appreciation and love to all my clients,
and family members in the USA and Japan,
especially my father, Masao, who has been my lifelong mentor.
All my love, Satomi

ニューヨークの
クライアントを魅了する
「もう一度会いたい」と思わせる会話術

はじめに
心の奥の思いに耳を傾ける

現在、私はアメリカでフリーのインテリアデザイナーをしています。2005年にニュージャージー州でYZDA（Yoshida + Zanon Design Atrium）というデザインスタジオを設立し、個人住宅をメインに、代表兼デザイナーとして仕事をしています。

この仕事に携わって30年近くが経ちます。300万人以上の専門家が登録する「Houzz」という世界最大のデザインサイトでは、上位約3％に与えられる「ベスト・オブ・ハウズ賞」を10年連続でいただいています。2018年からは、日本にも拠点を設けて、仕事をスタートしました。

みなさんは、「インテリアデザイナー」とはどのような仕事をしていると思われますか？　日本では、「インテリアコーディネーター」との違いを理解されていない方もいるように思います。おおまかに分けると、カーテンや家具、照明など、部屋に合う既存の製品を選び、空間を演出するのがインテリアコーディネーターで、内装のすべてを一から設計デザインするのがインテリアデザイナーの仕事です。

建築家は家の躯体から設計します。私は家の構造さえ決まれば、その中のデザイン一切を引き受けることができます。既存の壁や天井を壊して大がかりなリノベーションをすることもありますし、キッチンのデザインであれば水回りの設計も手がけますから、日本で言えば2級建築士の仕事もカバーしていることになります。実際、アメリカでは、インテリアデザイナーには建築的な知識や能力も必要だという認識が広がってきて、「アーキテクト」つまり、「建築家」の要素を加えて、「インテリアアーキテクト」という呼ばれ方もし始めています。

非常にクリエイティブな仕事ではあるのですが、では、ビジネスにおいていちばん大事なことは何でしょうか？　創造力？　それともプレゼンテーション能力でしょうか。いえ、意外に思われるかもしれませんが、まず「クライアントから話を聞くこと」なのです。お客様から話を聞くこと、これはどんなビジネスでも当たり前のことですが、「とことん話を聞く」ことが大切なのです。

インテリアデザインとは、それぞれのライフスタイルやライフステージに合わせて、

「心地よい」と感じる室内空間を創造、そして設計することです。みなさんが日々の暮らしの中で接している日用品や家具にも記憶や思い出があり、また気に入ったものや大事なものが必ずあるはずです。でも、多くの方はそれを心に留めることなく生活していいます。そこで、私がクライアントに求めているのは、普段は忙しくて考える余裕すらなかった生活のリズムや環境について改めて見直し、向き合ってもらうことです。

私は、インテリアデザインという仕事を通じて、居住空間とライフスタイルを見直すきっかけとなる出会いをいただいていると考えています。クライアントと一緒にデザインに向き合いながら、お互いが「気づいていない自分」を見つめるきっかけとなる時間を共有しているのです。そこからまた新しい発想、思考や創造が生まれるのです。

インテリアデザイナーの仕事は、美しく機能的なデザインを創り出すだけでなく、クライアントの想定外の思いや気づかなかった感情を少しずつ引き出していくことです。それを整理して、解釈して、デザインへと再構築していく。私の役割のひとつは、粘り強くクライアントの言葉を聞くことで、心の奥にある思いの通訳者、または翻訳者になることなのです。

クライアントの期待に応える

私のクライアントには、さまざまな国籍、職業の人たちがいます。これは仕事場の立地に理由があります。

アメリカ東海岸ニューヨーク州マンハッタン、その摩天楼を背にした場所に、私が自宅兼事務所を構えるニュージャージー州があります。ここには、世界中から実業家や起業家、著名人やセレブ層、そして各業界の第一線で活躍されているプロフェッショナルたちが、言葉や文化の壁を乗り越えて新しい人生を歩もうと集まってきます。

私のクライアントにも富裕層の人たちは少なくありません。インテリアに非常にこだわりをもっている方も多く、感受性もとても豊かです。一方で、デザインに興味があっても、自分にはデザインセンスはないと言って、自分の感性の限界を認めている方も少なくありません。しかし、共通しているのは、自分の生活を向上させるためには、どのような努力も惜しまないことです。

いずれのタイプも自己投資は自分たちの資産になることをよく知っています。彼らにとってはインテリアデザインもまた自己投資の一つなのです。

ここでいう自己投資とは、豊かな生活環境を整えることで自分のパフォーマンスを上げるという意味でもありますし、将来その物件をより高値で転売できるようにするという意味でもあります。

私はそんなクライアントのことをこのように名付けています。「価値観を重視したスマートな倹約家」と。富裕層の人たちは、自分の価値観で認めたデザイナーを雇い、雇ったからにはプロの時間を効率よく使おうとします。自己投資に繋がる資金投下は、必要であるということを知っているからです。

そして、自分たちが投資した時間と金額にふさわしい確実なリターンを求めてきます。デザイナーの知識や技術に時間と資金を使う人たちと仕事をするということは、こちらも真剣勝負です。中途半端な気持ちではデザインの仕事はできません。だからこそ、相手の話をとことん聞く必要があるのです。

彼らが望む、満足のいく空間作りをするために、どのように向き合ってきたのか？どうしたら仕事に厳しい富裕層の人たちの心をつかむことができるのか？　そして、実際どのようにしてインテリアデザイナーの仕事が成り立ち、そしてビジネスを継続しているのかを本書でご紹介していこうと考えています。

日本のみなさんにお伝えしたいこと

ここ数年、日本のテレビや雑誌といったメディアで取り上げていただくことが増え、日本国内で講演する機会もいただくようになりました。そんな中で、これまでの私の経験や仕事観に、驚いたり、共感したり、勉強になったと言ってくださる方に数多くお目にかかりました。

私自身としては、決して順風満帆な歩みではありませんでしたし、失敗を重ねながら、いつも目の前の仕事に、無我夢中で向き合うことを続けてきただけ、という認識でいました。けれど、日本のみなさんと接する機会が増えるにつれて、もしかしたら、そんな私の経験がお役に立てる部分があるのかもしれないと感じ始めています。

もうひとつ、インテリアデザインの世界、とりわけ住宅デザインの魅力を、日本のみなさんにお伝えしたいという思いもあります。

私の中には、「インテリア=生きること」という考え方がコアとしてあります。インテリアは、ただの「物」や「空間」というわけではありません。どんなに美しい空間があっても、それだけでは意味がありません。その中で暮らす人がいて、それぞれの人生があってはじめて、インテリアはできあがります。

ここ15年くらいで、日本もインテリアデザインに対しての意識はだいぶ変わってきましたが、日本で「家を購入する」というと、「新築マンション」や「建て売り住宅」といったイメージが先行するのではないかと思います。もちろん、「新築マンション」や「建て売り住宅」のメリットは否定しません。けれど、もし気に入った物件が見つかったとしても、どうしても、家に住む「人」の方が、すでにある「空間」に合わせる部分が大きくなってしまいます。

一方で、アメリカでは、中古物件のリノベーションが盛んです。何が日本と最も異なるのかというと、リノベーションをすることによって、家の「空間」の方を「人」に合わせることができる、という点です。「人」が「空間」に合わせるのではなく、「空間」の方を「人」に合わせてカスタマイズする。そのこと自体が、文化として根づいているのです。

人々がそういった空間を重視しているからこそ、私のようなデザイナーが求められ、デザイナーである私は、世界でひとつだけの、クライアントのためだけに作られた唯一無二の空間を提案しているのです。

最近、日本でも中古物件のリノベーションが増えている状況を見ていると、そういった「自分のための空間」の価値を認めている方が増えてきたのではないかと嬉しく感じています。また、ここ数年、新型コロナウイルスの影響で家にいる時間が増えたことで、日本だけでなく世界的にも、住環境への意識は確実に高まっています。

私は一人のデザイナーとして、居心地の良い空間をデザインすることで、そこに暮らす人の心を豊かにし、笑顔にしたい。そんな思いで、日々の仕事に取り組んできました。

この本では、私が仕事を続ける中で、学び、考え、実践してきたことを日本のみなさんにお伝えできたらと思っています。そして、少しでもみなさんにインテリアデザインの魅力を知っていただき、豊かで健やかな人生を過ごすお手伝いができたらと願っています。

chapter 1

the path to an iconic project

第１章

忘れられない仕事

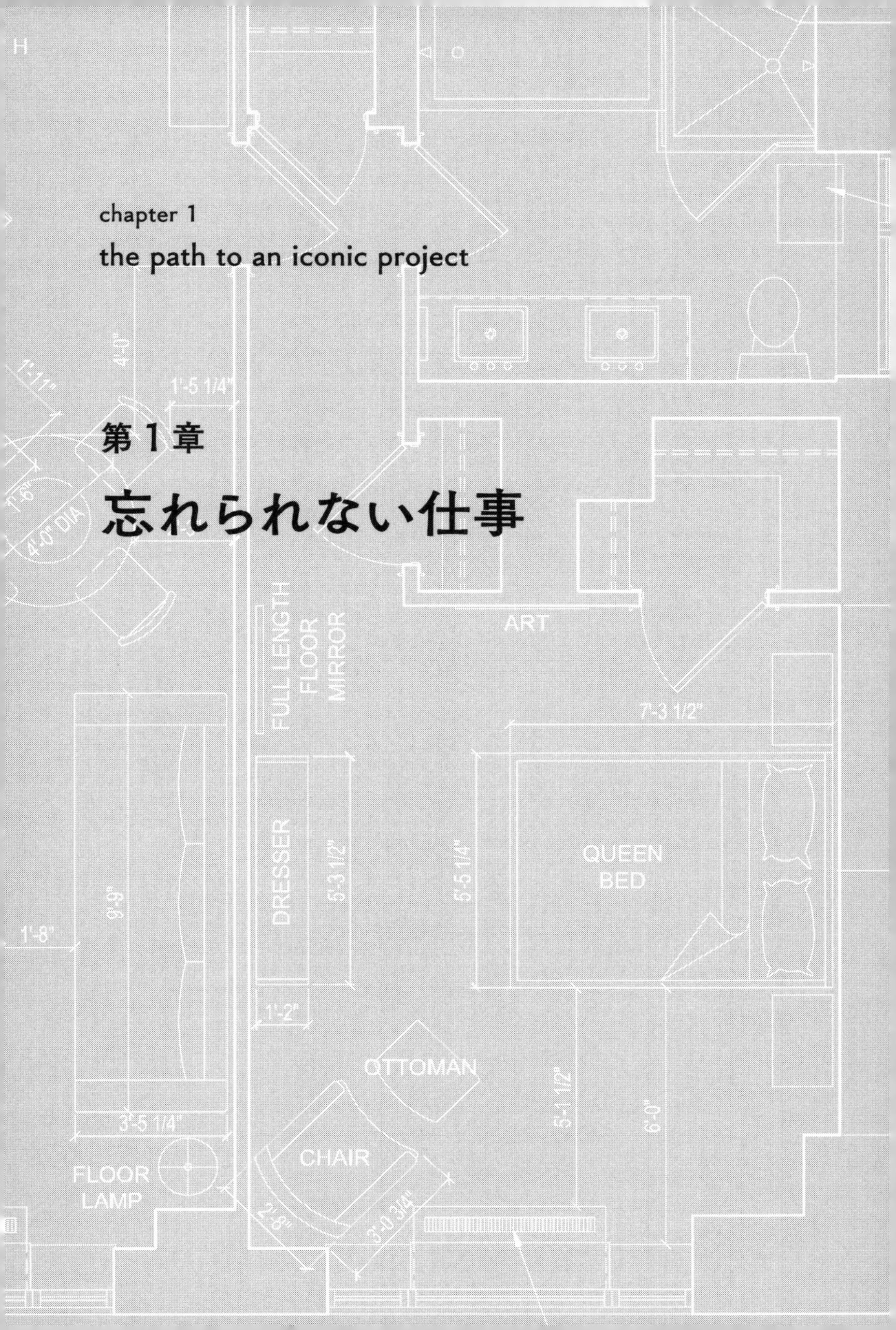

「フォー・シーズン・パティオ」の依頼

２０１１年の春先、冷たい雨の降る肌寒い午後のことです。いつも通り、ニュージャージー州の自宅で仕事をしている最中に、一本の電話がかかってきました。

「フォー・シーズン・パティオのデザインはできますか？」

電話の奥から聞こえる女性の声は小さく、不安と緊張が感じられます。

通常「パティオ」とは、壁や柱廊で囲まれた中庭のことを指します。私自身の専門はインテリアですから、少し怪訝な思いもしましたが、まずは単刀直入に、

「どのような目的でその空間をデザインしたいのですか？」

と訊ねました。

「ガーデニングが大好きで、自分の庭を眺めながら、一人の時間を楽しみたいわ。明るい室内から、季節感を感じる空間を眺めて過ごしたいの」

「わあ。それは素敵ですね！　どのようなガーデニングをされているのですか？」

そう聞くと、彼女は言葉を選びながら、少しずつ自分の生活環境を語ってくれまし

た。

彼女はニュージャージー州のチェスターという場所で、緑に囲まれて静かに暮らしているといいます。チェスターといえば、冬は厳しい寒さに襲われ、真っ白な雪で覆われる地域です。彼女は、そんな時でも、雪が積もった庭を眺めているのが好きだといいます。

彼女の言う「フォー・シーズン・パティオ」とは、緑が鮮やかな春や夏だけでなく、四季折々の風景を楽しめる空間のことなのだろうと、想像力を膨らませながら話を聞きました。

時間が経つにつれて、少しずつ、彼女の声がリラックスしていくのを感じます。そこで私は、自分はインテリアデザイナーであり、屋内のデザインを中心に仕事をしていること、建築デザインやランドスケープデザインの専門家ではないことを伝え、私の提供できるサービスを正直に伝えました。その上で、

「もしよろしければ、このまま少しお話を聞かせていただけますか？」

と、彼女に話の続きを促しました。

話を聞いていくうちに、彼女が言う「パティオ」とは、日本でいうところのサンル

ームに近いものだということがわかりました。通常、サンルームというのは、太陽の光を取り入れるために屋根や壁などをガラス張りにした空間で、空調設備は設置しないケースが多いものです。ところが、彼女は、その空間を寒い冬にも利用できるように改装して、雪景色も楽しみたいという希望をもっていました。

彼女は繰り返し、「驚くほどに狭い空間だけれど、デザインをするのは誰でもいいわけではないの」と話し、ぜひ一度、見に来てほしいと言います。その声のトーンに、どこか遠慮がちな、日本人の奥ゆかしさにも通じる雰囲気を感じました。

「今回、パティオのデザインをしたいということを、ご家族の方はご存知でしょうか?」

私がそう尋ねたのには理由があります。依頼主の中には、家族の反対を押し切って一人で行動される方もいます。そのような方との仕事は、まずうまくいきません。個人住宅のデザインの仕事を進める際には、家族の協力や理解を得ることが不可欠なのです。

すると、彼女は笑いながら、

「主人とはもう何年もこの話題で盛り上がっているのよ」

と、愉快そうに言います。その声から、ご夫婦の円満な雰囲気が窺えました。

「子どもは息子が４人。私は専業主婦です」

静かに笑いながら、そう話してくれました。

その穏やかな声を聞いて、この方となら良い仕事ができると直感しました。

小さな仕事が大きな仕事に

この依頼を引き受け、無事に「フォー・シーズン・パティオ」のプロジェクトを終えた頃、この家のご主人が私にそっと教えてくれたことがあります。

実は、彼女は私に電話をかける前に、３人ほどのデザイナーに連絡をしていたそうです。けれど、電話越しの対応が、彼女の自尊心を傷つけたというのです。そして、プロジェクトのスケールが小さすぎることを理由に、ことごとく依頼を断られたといいます。彼女自身も、相手の声のトーンを聞くだけで、「この人には仕事を頼めない」と感じたそうです。

私自身が最初に電話で応対をする際に最も大切にしているのは、依頼の内容を大まかに把握することです。住宅のある場所や環境、デザインの目的や希望などを、クライアントのリズムで自由に話してもらえるよう意識しています。そのために、できるだけ、くだけた口調で、雑談を交えながらゆったりと会話をするようにしています。最初の段階では、予算については詳しく聞きません。金銭的な先入観で物事を判断しがちになるからです。

とはいえ、彼女からの電話を最初に受けた際には、自分に何ができるのだろうか？という思いもありました。彼女の家までは、車で片道1時間半もかかります。その距離を理由に、依頼を断ったデザイナーもいるのではないかと思います。私自身、彼女との会話を楽しみながらも、半信半疑の気持ちがあったのも事実です。

ただ、じっくりと話を聞くうちに、彼女の思いが伝わってきたのです。そして、「必ず素敵な空間にできる」と感じました。

彼女もまた、私との電話を終えた後、ご主人にこう言っていたそうです。

「彼女は私の話を聞き入れてくれて、夢を叶えてくれる。このプロジェクトは2倍も3倍も楽しくなるわよ」

どんなプロジェクトでも、最初の頃は、クライアントの職業やバックグラウンドについて、こちらから積極的に聞くことはありません。この時も、自然な話の流れで話してくれました。

ご夫婦は大学時代に大恋愛をして結婚し、田舎町の小さなアパートの一室を借りて新婚生活をスタートしたそうです。その後、ご主人がキャリアを重ね、大手製薬会社の副社長を務めるまでになりました。現在はその会社を定年退職されて、製薬会社を顧客としたコンサルタントのお仕事を続けているといいます。

決して裕福とはいえないところから、ご夫婦で力を合わせ、コツコツと努力を重ねたことで豊かな生活を手に入れた……という彼らの経歴や人生設計のお話は、とても学びのあるもので、共感できました。

そして、この仕事には、考えてもいなかった続きがありました。

2年後、自宅の他の部屋も含めたインテリアをデザインする依頼を受けたのです。

さらに2015年には、今度は同じニュージャージー州にある別宅、セカンドハウスのインテリアデザインの依頼につながりました。そのセカンドハウスは、豊かな自然に囲まれたチェスターの自宅とは対照的な、街中にあるコンドミニアム（日本でいうマンション）のペントハウスでした。ナチュラルなデザインの自宅とは一転、全6

室をスタイリッシュで都会的な空間に仕上げました。

そして、2017年には、私の代表作のひとつでもあるミシガン州の大邸宅をデザインする仕事に結びついたのです。

このミシガン州の邸宅は、ご夫婦が若い頃に買った家と同じ場所に建て直されたものです。お二人は、お子さんが成長した後、いつかその場所に戻って理想の家を建てたいという夢をもっていました。ご夫婦の長年の夢を実現する大切な自宅の内装の一切を任されることになったのです。

その邸宅は、美しい湖畔に建つレイクサイドハウスで、チェスターにある自宅とも、街中のセカンドハウスとも、異なるデザインとなりました。それまでの仕事を通して私を信頼してくれたご夫婦は、家の設計段階から私の意見を聞き入れ、建築家とのやり取りを含めた家全体のプロデュースを任せてくれました。内装はもちろん、外装も含めた細部まで、私の意見を取り入れた上で、一般的なレイクサイドハウスとは違い、和のテイストを入れてほしい、というリクエストもしてくれました。

最終的に、私が書いた図面は100枚を超えました。ふだんの仕事に比べると何倍もの仕事量にはなりましたが、私を信頼してくださっているご夫婦の期待に応えるため、それまでに得たあらゆる知識と経験を注ぎ込みました。その結果、私自身も納得できる仕事となりましたし、何より、お二人に喜んでいただくことができ、忘れられない仕事になりました。

とことん聞いて、全力を尽くす

なぜこのご夫婦との仕事を最初にご紹介したかというと、私が仕事をする上で大切にしていることをお伝えするのにぴったりの事例だと思ったからです。

私が何より大切にしているのは、冒頭に書いた通り、まず相手の話をとことん聞くということです。

このプロジェクトの最初にかかってきた電話でも、自分が聞きたいことよりも、まずは彼女が話したいことを自由に話してもらえるように努めました。要点を絞ったビジネストークではなく、話題が脇道にそれても構いません。相手にリラックスして話してもらうことが大切なのです。その中で、彼女の人柄やご家族との関係性、今回のデザインにどんな想いがこめられているのか、といったことを少しずつ感じ取っていきました。

繰り返しになりますが、条件的な部分は後から聞くようにしています。この時も、予算はもちろんのこと、現場との距離が離れていることも、当初の段階では重要視せずにいました。なぜなら、そういった条件的な部分を前提に考えてしまうと、良いクライアントとの出会い、ひいては良い仕事をする機会を逃してしまう可能性があるからです。

次に、私が大切にしているのは、自分の直感を信じることです。この事例でも、デザインする上で多くの課題はありましたが、最終的には、彼女との仕事であれば「必ず素敵な空間にできる」という自分の直感が依頼を受ける決め手になりました。

そして、もっとも大切なことは、一度、仕事を引き受けたからには、予算の大小にかかわらず、目の前の仕事にとことん全力を尽くすことです。

最初に依頼を受けたフォー・シーズン・パティオの予算は、それほど大きなものではありませんでした。けれど、彼女とコミュニケーションを取りながら、満足のいくデザインをすることができました。その結果が、幸運にも次の仕事につながったのです。

次に依頼された自宅のインテリアデザインも同じです。パティオに比べれば予算規模は増えましたが、変わらず全力で取り組みました。

その後のセカンドハウスの仕事も同じです。もし、途中のどれかひとつでも、彼女たちの納得のいくものを作り上げていなければ、最後に依頼されたミシガン州の大邸宅にはいきついていません。つまり、決して予算規模が大きいとは言えない、しかも、慣れないパティオのデザインに全力を尽くしたことが、最終的に、私自身の代表作のひとつと言える仕事につながったのです。

もちろん、このケースは特別に幸運であったことも事実です。けれども、ひとつひとつの仕事に手を抜かず、真摯に向き合うことでしか次につながらない、ということは、どんな仕事にも通じることではないかと思うのです。

こんな風に、私には仕事をしていく上で大切にしていることがいくつもあります。

では、私にとっての最終的な目的とは何でしょうか？

それは、クライアントの笑顔です。

すべてはクライアントの笑顔のために

すべてのデザインが終了し、無事に施工を終えた後クライアントから両腕で温かいハグをいただいた瞬間に、「この仕事をしていてよかった」と心から思います。

もしかしたら、私がデザインし、できあがった空間を見ただけでは、「このようなデザインなら私にもできる」とか「別のデザイナーの作品の方が素敵だった」などと感じる方もいらっしゃるかもしれません。けれど、私はそれでいいと考えています。なぜなら、私は目の前のクライアントのためにデザインをしているからです。

のちほどまた詳しくご説明しますが、すべての人にとって共通する「最高のインテリアデザイン」などというものは、存在しません。性別も、国籍も、年齢も、職業も、ライフスタイルも、趣味嗜好も、100人いれば100人、必ず違うものです。つまり、「最高のインテリアデザイン」というものも、100人いれば100通りの答えがあるのです。それなのに、第三者の評価を気にしても仕方がありません。デザイナーは目の前のクライアントの笑顔を最終目標にすべきなのです。

その際には、予算や仕事の大小も、関係ありません。限られた予算の中でも、クライアントの笑顔にたどり着く術は必ずあります。先ほどご紹介したパティオと大邸宅のデザインも、予算の規模は大きく異なりますが、目指すべきところは同じなのです。

ただ、こんな風に書くと、「デザイナーの仕事だからクライアントの笑顔だけを目指していればいいんだ」とか、「私の仕事はもっと多くの顧客を相手にしないといけない」、もしくは、「私の仕事は事務だから顧客とは触れ合わない」などと感じられる方もいるかもしれません。

でも、私はどんな仕事も実は同じなのではないかと思っています。あらゆる仕事に「顧客」がいます。たとえ、「顧客」とは直接顔を合わせない、事務などのバックオフィスで働いていたとしても、仕事の先には上司や同僚などの「仕事相手」が必ずいます。そういった仕事相手、あるいは顧客の人たちがどうしたら笑顔になってくれるのか——。そう突き詰めて考えて仕事をした結果、相手が笑顔になり、満足してくれたのなら、それこそが「素晴らしい仕事」だと思うのです。そして、そういった仕事をひとつひとつ積み重ねていくことこそが、ひとりひとりのキャリアになっていくものと信じています。

chapter 2

realizing success
with a demanding client

第2章 リクエストの多いクライアント

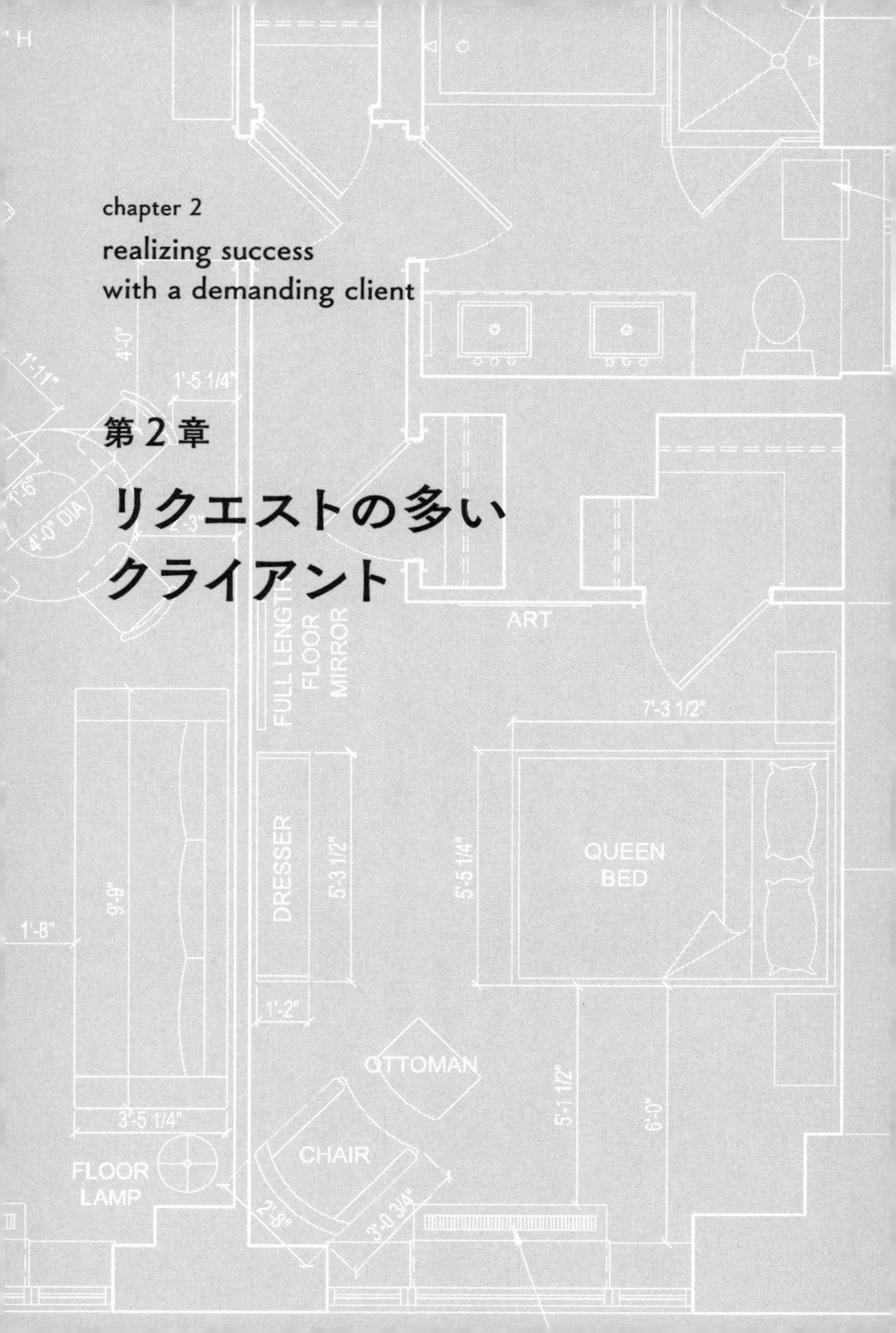

あるクライアントとの出会い

前の章では、私自身の直感に従ったことで、素晴らしいクライアントと出会い、代表作と言える仕事につながったケースをご紹介しました。

一方で、冒頭にも書きましたが、富裕層のクライアントこそ、「価値観を重視したスマートな倹約家」であり、「自分が投資した時間と金額にふさわしい確実なリターン」を求めてきます。私が日々、向き合っているクライアントも、完璧主義の人が多く、求められる水準が高いのは変わりありません。

その中に、あるリピーターのクライアントがいました。30代のご夫婦で、二人のお子さんがいて、ご主人は先物取引の会社を起業し、トレーダーをされています。

最初の依頼は、そのご家族がテキサス州からニュージャージー州に引っ越してくる際の戸建て住宅のリフォームの仕事でした。奥さまがネット上で私のポートフォリオ（作品集）を見て気に入ってくださり、連絡がありました。

このご夫婦の依頼の際のポイントは、物件のあるニュージャージー州で仕事をしているデザイナーであること、モダンな色使いをできること、ご主人がコンテンポラリーアートのコレクターでもあったため、アート作品の買い付けからディスプレイまでをできること、そして、現場の施工管理まで一切を任せられるインテリアデザイナーであること、ということで、私に依頼がありました。

その一件目の仕事の際は、私とのやり取りはすべて奥さまが窓口になっていました。ご主人からの要望は、日中でも自室に陽が入らないように、遮光を徹底してほしい、という一点のみ。先物取引のトレーダーという仕事上、海外の市場が開いている時間に、昼夜逆転で仕事をしなければならないこともあり、日中の睡眠時間を確保したい、とのことでした。実際、わずかな光漏れも一切、認めない徹底ぶりでした。

奥さまもたいへん几帳面な方でしたが、その最初の仕事で信頼していただいたことで、二件目の依頼につながりました。

完璧主義のご主人が依頼主に

二件目の依頼は、フロリダ州のマイアミにある、セカンドハウスのインテリアでした。

その物件は、マイアミのビーチ沿いに立つ高級タワーマンションタイプの建物の一室でした。その建物自体は、高級ファッションブランドが開発に携わり、コンセプトから内装のデザインまで、一切を受け持つという一大プロジェクトでした。

私のクライアントも立地と間取りが気に入って新築時に一部屋を購入し、内装を検討していたのですが、どうしてもブランド側からの提案がピンとこない、ということでした。そこで、インテリアのデザイン一切を、私にまかせたいと連絡があったのです。

この時は、奥さまではなく、ご主人が窓口となりました。

ご主人が窓口になった理由は、一件目のリフォームの際の私の仕事に満足してもらえたことと、今回のセカンドハウス自体、ご主人の希望で購入されたものだったため、納得のいく空間にしたい、という思いも強くありました。ご主人にとっては、ご家族と一緒に訪れる時だけでなく、仕事やバカンスなどで一人で利用して、自分の時間を楽しむ空間にしたい、という思いもあったようです。それに加えて、一件目のリフォームの際の私と奥さまとのやり取りを見ているうちに、家づくりの最初から最後まで参加したい、という気持ちも生まれたようでした。

イレギュラーな仕事

この物件のケースでは、いつも以上に難しい条件が重なっていました。まず遠距離である上にコロナ禍であったこと。さらに、ブランド側の開発業者がいて、その下に建物全体のプロデューサーと設計の担当者がいました。その上、彼らが依頼した施工業者がいて、その業者の方々に、フリーの人間である私が設計したものを依頼するという形になったのです。そのため、私がクライアントと何度も打ち合わせを重ねた末に作り上げた図面を渡しても、その通りに出来上がってこないケースが多数、出てきてしまったのです。

クライアントが仕上がりの確認のために現場にいくたび、図面通りではなく数センチずれている、といったことが頻出してしまいました。その都度、クライアントからは私のところに連絡が入ります。この物件の際の契約では、私が施工管理まで担当することになっていなかったのですが、納得がいかないことがあるたび、私の元に連絡が入り、結局、私がクライアントと施工業者との間に入って調整をすることになりました。

緊急の場合には、私が現場に足を運んだケースも何度もあります。マイアミはニューヨークから飛行機で約2時間半かかるのですが、その都度、飛行機やレンタカーを予約して現地に向かいました。

施工現場で問題になった部分はたくさんありましたが、たとえば、壁と床のおさまりの部分。日本では壁の一番下の部分に巾木をつけることで、壁と床のおさまりを隠してきれいに見せる場合が多いですが、この時のクライアントの要望は、巾木をつけないデザインでした。ただ、巾木をつけずにおさまりを美しくするためには施工業者の技術がいります。けれど、出来上がった現場を見ると、床との間にわずかな隙間や歪みがあり、クライアントの納得のいくものができていませんでした。

壁や天井に関しても、このご主人は仕上がりを確認に行き、その都度、修正すべきところにひとつひとつご自身でテープを貼っていくほどの念の入れようでした。

ところが、修正後に確認に訪れると、指示通りに直っていない箇所があったのです。すると、再び私のところに連絡が入りました。

クライアントがストレスを感じるいちばんの理由は、時間を無駄にすることです。仕上がりの確認のために時間を取り、修正を依頼したにもかかわらず、直っていない。貴重な時間を割いたことが無駄になった上、さらに納期が遅れるわけです。自分は、仕事や家族と過ごす時間を削って現場に足を運んだにもかかわらず、修正できていないばかりか、納期が遅れるとはどういうことなのだ、という憤りなのです。

インテリアデザイナーの仕事は、施工業者の方々の力なしには語れないもので、二人三脚で空間を作り上げていくのですが、このケースで困ったのは、施工業者の技術が未熟でどうしてもクライアントの求める仕上がりにならないことでした。

たいへんに難しい状況ではありましたが、今回の現場では、このレベルまでが限界であり、施工不良と言えるほど酷い仕上がりではないということを私からクライアントに丁寧に説明しました。もちろん、クライアントが求めるような高い技術をもった施工業者を探すという選択肢もないわけではなかったのですが、仮にそうした場合には、さらに膨大な時間が必要となり、金銭的な負担も増えます。そういった面も含めて総合的に判断するのであれば、現在の業者にでき得る限りの最大限の仕事をしてもらうことがベストだと説明し、理解していただきました。そして最終的には、「プロであるサトミがOKを出すならOKだから」と言っていただくことができました。

先ほども書いた通り、施工の細かな部分についてクライアントに説明し、納得してもらうのは契約上、私の仕事ではありません。けれど、できる限り良い空間を作り上げるためには仕方ありません。「プロであるサトミがOKだ」というクライアントの言葉は、私に対しての信頼である一方で、大きなプレッシャーでもあります。施工業者の方々とのコミュニケーションを密にとり、私が納得できるレベルの仕上がりになるように作業をしていただきました。

予期せぬトラブルが発生

このクライアントのケースでは、大きなアクシデントも起きてしまいました。ガラスをふんだんに使った引き戸をイタリアのメーカーに特注で依頼していたのですが、船便で輸送する際、コンテナごと落下して粉々になってしまったというのです。当初は、新型コロナウイルスの影響もあって、注文から納品まで24週間の予定でした。ところが、無事に完成して後は到着を待つのみという、20週目くらいの段階で、この予期せぬアクシデントが起きてしまったのです。

まず最初に、私が考えたのは、状況をしっかり整理して、善後策を検討してからクライアントに伝えるべきだ、ということでした。こういったトラブルの場合、解決策をもたないまま慌てて伝えても、クライアントのストレスを生むだけになってしまいます。そこで、まずはメーカー側と、どんな対応の選択肢があるか検討しました。

当初、先方から言われたのは「改めて一から作るので、24週間待ってほしい」ということでした。メーカー側に落ち度があるわけではないので、もっともな話ではあるのですが、クライアントにそのまま伝えても、おそらく納得してもらえません。そこで、さらに交渉を重ねました。その結果、特別に12週間で作り直してもらえることになりました。

そこまでのやり取りを重ねた後でクライアントに連絡して、状況を説明しました。その上で、こういう事情で破損してしまったけれども、この対応がベストである、ということを丁寧に説明しました。

もちろん、当初、ご主人はたいへんがっかりしていました。でも一方で、その矛先を私に向けても仕方がないことも、わかっていました。

それまで、このご主人とやり取りを重ねる中で、こういった問題が起きた場合、「プロであるサトミが考えるベストの解決策を示してほしい」と言ってくることが予想できていました。ですから、アクシデントの発生を伝えるのと同時に、ベストの解決策を提示することで、それ以上、ストレスが増える余地をなくすことができたのです。

もうひとつ、同時に伝えたのは、このドアがないからといって、引き渡しができないわけではない、ということでした。仮にゲストや家族が訪れた際にも、別の部屋を使ってもらうことができるし、一時的にパーテーションで仕切れば問題ない場所にあるドアだったのです。こういった具体的な対応策を同時に伝えることでクライアントの不安を取り除き、安心してもらうこともできました。

この他にも書き始めたらキリがないくらい細かなトラブルがいくつも起きた施工現場でしたが、その都度、同じように誠心誠意、説明することで何とか納得していただくことができました。

当たり前のことを大切にする

この現場は、完璧主義なクライアントである上に、トラブルが頻発するというとびきり難しいケースではありましたが、ご主人が私の説明や対応を信頼してくださったことで、最終的には納得し、満足してもらうことができました。

では、こういったリクエストの多いクライアントから信頼してもらうにはどうしたらいいのか、私が常日頃から大切にしていることは、相手に対して正直でいることです。予期せぬトラブルやアクシデントが起きた時でも、決して取り繕ったりごまかしたりせずに、正直に、誠心誠意、相手に向き合うよう意識しています。

その上で、相手の立場になって考えてみること。

たとえば、24週間、楽しみに待っていた特注のドアが壊れてしまったと聞けば、誰でも落胆し、憤りを覚えることは当然です。では、どうすればその落胆と憤りを少しでも減らすことができるのか。そのためには、明確な打開策を提示することが大切であるのは言うまでもありません。

そのためにプロとして、徹底的に考え抜くことが必要になります。トラブルやアクシデントに直面した時、さまざまな角度からひとつひとつ解決策を検討し、考え抜いておくことで、クライアントからのどんな疑問にも答えられるようになります。その結果、最終的に私の提示する解決策を信頼してもらえるようになるのです。

正直であること。相手の立場になって考えること。そして、考え抜くこと。言葉にすると、とても当たり前のように聞こえますが、日本でもニューヨークでも、どんな職種であっても、仕事相手の信頼を得るために大切なことは変わらないのではないかと思っています。

嬉しいサプライズ

この時は、嬉しいサプライズがありました。このご主人から、追加ボーナスを出すという提案があったのです。

問題が発生するたびクライアントからの連絡を受け、その都度、私が対応に奔走したわけですが、それ自体が、当初の契約にはない仕事だったことをご主人は理解してくださっていました。その上で、私のひとつひとつの対応を認めて思いがけない提案をしてくださったのです。

最近、このクライアントからは、新たにニュージャージーの自宅の子ども部屋のリフォームの依頼を受けました。私自身、ちょうど大きな仕事が立て込んでいるタイミングだったため、新たな仕事は受けにくい時期だったのですが、今一度、「予算の多寡やプロジェクトの規模で仕事を選ばない」という私自身の基本に立ち返るような依頼をくださったというのも、何かの縁だと感じました。そして何より、私のことを信頼してくださっているクライアントの気持ちに応えたいという思いで、お引き受けすることにしました。

とはいえ、リクエストの多いクライアントですから、気を緩めることはできません。今回は私の提案したデザインが認められたからこそ、仕事として動き出していますが、もし、私の提案が気に入られなければ、話はなかったことになっていたはずです。

リピーターであっても、常に緊張感をもちながら仕事を進めています。

chapter 3

my approach to design

第3章

私が心がけていること

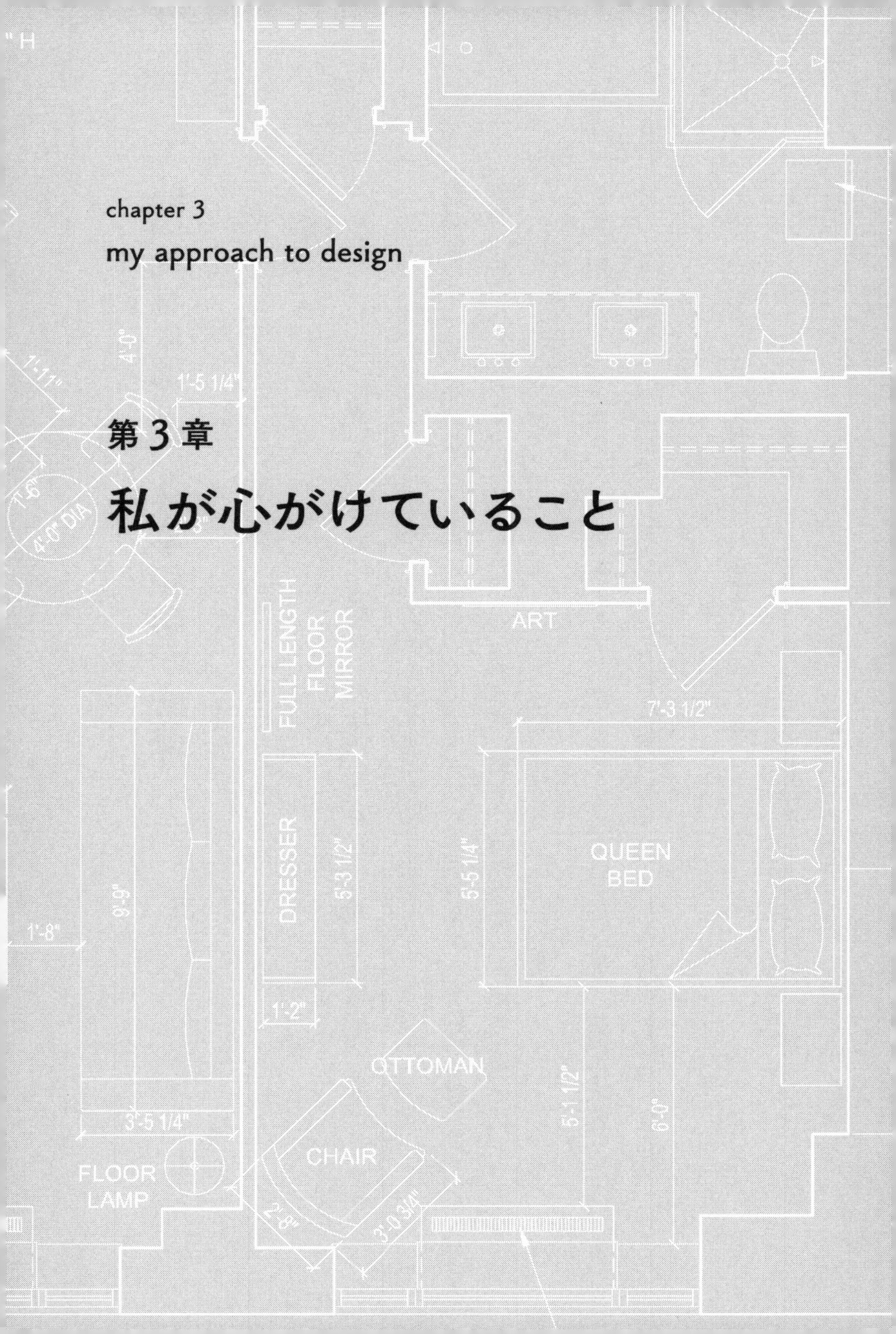

いい仕事には、いい仕事相手が必要

いい仕事をしたい。これは、働く人なら、誰しもが感じていることではないでしょうか。

それでは、いい仕事をするために必要なものは何か。それは、いい仕事相手です。インテリアの仕事は――インテリアに限らないかもしれませんが、仕事相手との波長が合わないと、なかなかうまくいかないものです。いくらクライアント側に予算が潤沢にあったとしても、波長の合わない相手との仕事は、最終的にいい結果を残せないように思います。

先に紹介した「フォー・シーズン・パティオ」のケースが良い例です。予算や内容といったスペック以前に、「この方となら良い仕事ができる」という直感に従った結果、いい仕事につながりました。

逆に言えば、時には断る勇気も必要です。

フリーランスで仕事をしていると、さまざまなクライアントがオフィスの扉をノックしてきます。手が回らないくらい忙しい時もあれば、仕事が少ない時期もありますが、私はどんな時でも、無理をして引き受けたり、逆に安易に引き受けたりしないように気をつけています。無理をすると、その案件のみならず、他の仕事にまで支障が出てしまうかもしれません。反対に不安や疑問を感じたまま安易に受けてしまえば、ストレスや不満につながり、仕事全体の質を落としてしまうことにもなりかねません。

　自分の直感に従って、いい仕事相手を選ぶこと。これは私が働く上で、とても大切にしているポイントです。

すべてお任せのデザインはありえない

　クライアントから「すべてあなたにお任せします」と言われることは、全幅の信頼の表れであり、デザイナーにとってはとても嬉しい言葉です。特に、以前仕事をしたことがあり、再度依頼をしてくれたリピーターの中には、私の仕事の進め方やデザインを評価して、「今回の仕事はすべてサトミにお任せします」と言ってくれることがあります。けれど、この「お任せします」という言葉を、決して鵜呑みにしてはいけません。

リピーターの場合、クライアント自身が二件、三件と経験するうちに、彼ら自身の美意識が磨き上げられ、デザインに対する目も肥えています。とりわけ、ハイエンドのクライアントは、どこかで見たことのあるようなデザインを嫌う傾向が強く、自分たちの生活環境にフィットしたオリジナリティを求めています。ですから、当初は「お任せ」と言っていたにもかかわらず、デザインがある程度進んだ段階になってから、急にこだわりを主張したり、二度、三度と修正を依頼したりしてくるケースも珍しくありません。最初の仕事に満足してくれているクライアントほど、二回目以降の満足度のハードルが高くなるものでもあるのです。

リピーターであっても、デザインの目的や場所、環境など、以前の依頼とすべて同じ条件ということはあり得ません。すべての案件はまったく新しいデザインプロジェクトだと考えなければならないのです。

私自身、同じクライアントであっても、新しい案件のデザインをする際には、必ず初心に戻らなければならないと、いつも肝に銘じています。一度一緒に仕事をしたことがあるから……という油断は大敵です。デザイナーとしてのコミュニケーション力にも磨きをかけておかなければなりませんし、新しいインテリア・リソース（資料や最新情報）やマテリアル・リソース（素材や建材などの情報）を提案できるよう、常にアップデートしておかなければならないのです。

新規のクライアントか、あるいはリピーターかに限らず、どのようなデザインをするにしても、１００％お任せコースは存在しえないということを忘れてはいけません。

インテリアデザインにコピーはない

徹底的にオリジナリティを求めてくるクライアントがいる一方で、どこかで見たデザインのコピーを要求するクライアントもいます。

みなさんは、アメリカのテレビ局ＨＧＴＶ（Home and Garden Television）をご存知でしょうか？　最近ではＹｏｕＴｕｂｅでも見られるようになったので、日本でも知っている方が増えてきましたが、ホーム&ガーデニングの話題に特化したテレビ局です。

仕事柄、私もこのテレビ局の大ファンなのですが、中古物件を低コスト・短期間で改装する番組が話題になったことがありました。日本で言えば、『大改造!!劇的ビフォーアフター』のような内容です。この番組が人気を呼び、数多くの視聴者に受け入れられた影響もあるのか、アメリカでは、インテリアデザインというものは短期間で、低コストで仕上がると思っている人も少なくありません。

ある時、私のオフィスにクライアントが訪ねてきました。彼女はインターネットで私の経歴やデザインを調べた上で、某インテリア雑誌に掲載された既存の高級物件の写真を持ってきました。その写真を私に見せて、「このデザインをそのままコピーして欲しい」というのです。

たしかに、読者の目を引きつける魅力的な空間ではありましたが、デザイナーが一人のクライアントのために、長い時間をかけて作り上げたものであるという背景については、どこにも記されていません。雑誌に書かれているのは、デザインのコンセプトやデザイナーの意図といったことだけです。

そこで私は彼女に、「自分は他のデザイナーの作品を絶対にマネしないこと」、また「自分自身のデザイン集の中にも同じ作品はないこと」を伝えた上で、どんなデザインであっても、その機能や美しさを再現することは、不可能であることを伝えました。

なぜなら、そのデザインは偶然に生まれたものではなく、クライアントの要望に応えるために、デザイナーや建築士によって緻密に計画されて出来上がった、その人のためだけの唯一無二のものだからです。

そう説明した上で、彼女の要望をひとつひとつ聞いていくうちに、彼女がイメージしている高級物件のインテリアでは、現在の彼女自身のライフスタイルに合わないことがわかってきました。そもそも、彼女の予算では、高級住宅をコピーするだけの余裕もなく、プロジェクトにかける時間も足りないとのこと。そうしてじっくりと対話を重ねる中で、「追い求める理想と現実との差」を理解していただきました。そして、本当の満足とは、自分にとって心地よいと感じる空間で過ごすことであり、仮にセレブの部屋をコピーしたとしても、それはあなたのための空間にはならないのではないか……と丁寧にお伝えしました。

彼女とは長い時間をかけて、とことん話し合い、「彼女のための、彼女だけの城」を作ることになりました。

彼女との対話の結果、最終的に導き出されたのは、高級物件のような空間ではありませんでした。独身で大学院の研究職として働いていた彼女は、仕事で疲れて帰ってきた時に、快適でリラックスできる空間で体を休めたい、と言います。明るさが感じられて、温かみのある木の質感を生かした部屋。そうして出来上がったのは、和の要素と北欧の要素をミックスした機能的でシンプルなデザイン、いわゆる「ジャパンディ」と呼ばれるタイプのものでした。

当初、彼女が求めていたものとはまったく異なる部屋になりましたが、本当に求めているものが何なのかを突き詰めた結果、最終的にはお互いに納得のいく空間を作り上げることができました。

ワクワク、ドキドキさせる

クライアントと対話をしている際に、いつも意識していることがあります。私の話を聞いているクライアントが頭の中で、これから住む空間をイメージできるかどうかということです。単に部屋や家具が頭に思い浮かんでいるのではなく、その空間にクライアントが存在しているか、そこでクライアント自身が生活を楽しんでいる姿が思い浮かんでいるかどうかがとても重要なのです。

現代社会は情報があふれていて、さまざまな情報を労せず手に入れることができます。家具ひとつでも、インターネットで簡単に探すことができます。しかし、ただ気に入った家具を探すだけでは、そこに何の想像力も必要ではなく、ただ「家具を探す」という作業をこなしているだけです。

デザインの作業面でも、技術の発達によって、コンピューターグラフィックで簡単に空間デザインができます。最近ではデザイン空間の中に自分がいるかのような錯覚を覚えるほど精妙な表現ができます。言葉やイラストだけでは空間のイメージが湧かないという人も多くいるため、デザイナーとしては、こうした最新の技術もプレゼンをする際の大きなツールとなります。ただし、そこにはクライアントのストーリーや思い、記憶も背景も存在しません。

私はクライアントと対話を重ねる中で、相手が具体的に空間をイメージでき、想像力を掻き立てられるように常に意識して話を進めていきます。もちろん、難しい専門用語は避け、誰にでも理解できるような単語や身近な言葉で伝えるように意識しています。

たとえば、ダイニングキッチンのデザインをする場合なら、「大好きな音楽を聴きながらパスタを作っている姿」「お気に入りの器具を使っていたり、カウンターの上にスパイスを並べて料理していたりする姿」「ダイニングテーブルに座って家族で談笑している姿」等々を、クライアントに想像してもらえるように意識しながら言葉を選ぶよう心がけています。

ある時、クライアントのご主人で、音楽を聴くのがとても好きな方がいらっしゃいました。キッチンのデザインについて打ち合わせをしている際、「音楽を聴きながら料理をできたら最高ですね。キッチンにスピーカーを設置しましょうか」と提案すると、目を輝かせて、ぜひそうしたいと言います。ご主人の頭の中には、大好きな音楽を聴きながら料理を楽しんでいるご自身の姿が浮かんでいるのか、とても幸せそうな様子でした。しかし、その話を隣で聞いていた奥さまは、賛成できないと言います。ご主人の希望は叶えてあげたいけれど、キッチンにスピーカーを置くと油で汚れてしまうのが気になる、と言うのです。奥さまの懸念ももっともです。

そこで、私は最新の技術を使った壁面に内蔵する形のスピーカーを提案しました。見た目は壁そのもののため、汚れをきれいに拭くことができます。ご夫婦ともたいへん喜んで、キッチンが出来上がるのを心待ちにしてくださいました。

デザインすることとは、常にSense of Discovery、発見の連続です。クライアントの考えていることや思いを注意深く聞くことで、クライアント自身がどんな生活を送りたいのか、彼ら自身さえ気づいていなかったような夢や、何にワクワクできるのかを発見できます。それをデザインという形に落とし込んでいくのです。

自分自身が明るくいること

クライアントに「ワクワク、ドキドキ」してもらうことと同じくらい、デザイナーである自分自身が明るく、常に楽しいことを経験し、プラス思考であることもとても重要です。

とはいえ、人はいつも完璧でいることはあり得ません。不機嫌な時も、悩んでいる時も、そして気分が憂鬱になることもあります。そんな時は、クリエイティブなアイディアなんて思いつかない。時には、少しデザインから離れてみて自分を休めることも必要です。

デザイナーのアイディアの陰には、失敗や多くの間違い、試行錯誤が積み重なっています。ああでもないこうでもないと頭を悩ませ、幾千幾万の組み合わせを考えることで良い作品が生まれていきます。その際、自分自身がイライラしたり、テンションが下がっていたりしては、アイディアもまとまりません。デザインをする時は、モチベーションが高くあることが重要です。

そのためには、自分が日々の経験を楽しんでいること。スポーツ、料理、ドライブ、音楽やアートの鑑賞、自分の大好きな友人や子どもたちとの会話など、自分を癒し、活力を与えてくれるものであればなんでもいいのです。

それまで興味がなかったことに触れる際も、まずは好奇心を持ってみることです。好奇心が新しいアイディアを生みます。大切なのは、たくさんのものを見て、たくさんのものに触れることです。

自分の可能性や引き出しを、普段の生活の中でどれだけ増やすことができるか。自分自身が日々の暮らしをどれだけ楽しんでいるかが、アイディアを生む上でとても大切になってくるのです。

仕事の環境を整える

普段、私が自宅でどのように仕事をしているのか、ここで少しご紹介しましょう。私は自宅をオフィスとしています。決して広いとは言えないホームオフィスから、私の全ての発想が生まれています。仕事用のデスクも一応はあるのですが、実際には家の中のいろいろなところで仕事をしています。キッチンの前にあるダイニングテーブルでは、時に建材や素材を眺め、事務の仕事をすることもあります。モヤモヤと考えがまとまらない時は、テーブルの上に書類や製図を目一杯広げ、プロジェクト全体を俯瞰して眺めたりもします。

思考に集中するためには、精神的にリラックスできていることも大切です。私にとっては、静かな空間より、ソフトなジャズやクラシックなど、好きな音楽をかけたほうがいいようです。また、アロマオイルの香りやソイキャンドルも仕事中には欠かせません。聴覚だったり嗅覚だったり、五感を刺激してくれるものがあると、集中力が高まるようです。

それでも、どうしてもアイディアが浮かばない時もあります。考えに考え抜いてもどうしても思考が前に進まない。そんな時、私は一旦、考えるのをやめます。そして、掃除か洗濯を始めます。

共感してくださる方も多いのではないかと思うのですが、掃除や洗濯というのは、短時間で目に見える成果が出るため気持ちが前向きになります。我が家では、私が突然、掃除か洗濯を始めた時は、アイディアに苦しんでいる時なのだと家族全員がわかってくれています。

とはいえ、集中力を高めたり、気分転換したりするための環境や工夫というのは、人それぞれ違います。また、会社のオフィスで働いている方の場合は、環境作りにも限界があると思います。それでも、ためしに一度、ご自身の仕事を振り返ってみていただけたらと思います。これまで働いてきた中で、どんな時にアイディアが湧いてきたか、集中力が高まったか。また、どんな時間帯に仕事が捗っているか。日々の仕事を思い返してみると、集中力を高めるためのヒントがどこかに隠れているはずです。

自分がどんな環境にある時にモチベーションが上がるのか。良い仕事をするために、自分自身のコンディションに意識を向けていただけたらと思っています。

忘れられない仕事になった「フォー・シーズン・パティオ」(P24)

セカンドハウスとして依頼を受けた街中のコンドミニアム（P29）

ミシガン州のレイクサイドハウス。梁を露出し和のテイストを取り入れた（P30）

クライアント夫妻の要望を実現したアシンメトリーな寝室（P100）

レイクサイドハウスのキッチンは開放的なデザインに（P30）

階段の手すりの支柱は安全を重視して狭い間隔に（P186）

高級ファッションブランドが開発したマイアミのコンドミニアム（P40）

マイアミの物件でも収納できる「マーフィーベッド」を採用

イタリアのメーカーに特注したガラス製の引き戸（P44）

ベルギー製のピンクのラグを用いた「Wow Factor」の実例（P120）

空間の明るさを引き立たせるため一面だけダークグレーの壁に（P123）

chapter 4

process of retaining clients

第 4 章

仕事の進め方〈基礎編〉

クライアントとともにゼロから作り上げる

ここからは私が日々の仕事の中で具体的に気をつけていることを、順を追って説明していきたいと思います。

私が依頼を受けるプロジェクトの内容は幅広く、インテリアデザイン、リフォームやリノベーションだけではなく、物件の投資付加価値を上げるためのトータルデザインやコーディネートも請け負っています。また、施工管理やプロジェクトマネージメントも手掛けています。

もちろん、全てを私一人でできるわけではありません。プロジェクトの大きさやクライアントからの条件やスケジュールに合わせて、その時々の依頼内容にふさわしい、必要なスキルを持っているフリーランスのメンバーを集めて仕事をしています。

日本で住宅メーカーと仕事を進める場合は、和風や洋風など、ひな形となるいくつかのパターンが用意されていて、顧客はその中から好みに合ったスタイルを選択することからスタートします。その状況はアメリカでも大きくは変わりません。

最近ではオンライン上でインテリアデザインを発注することもできます。家具やシステムキッチン、壁紙などを、クライアント自らがウェブ上で選んでいく方法です。どちらの場合でも変わらないのは、決められたいくつかの既存の製品の中から選択する、という方法を取っていることです。

一方、私がデザインする場合は、まったく違います。クライアントに対して、先入観を持たず、白紙の状態で臨みます。何らかのパターンに当てはめることは一切せず、あくまでもクライアントと一緒にゼロからデザインを作り上げていきます。

その先に、「どこかで見たことのある空間」ではなく、世界でひとつの「クライアントのためだけの空間」を作り上げていくのです。

クライアントに会う前に

インテリアデザインは、依頼が来てはじめて仕事が始まります。

最初のミーティングに臨む前に、クライアントが望んでいる内容を取材し、相手が欲しているものをできる限り理解しておくことが大切です。とりわけ、新規のクライアントの情報は、会う前に電話やメールでやり取りを重ねることで、相手が望んでいることを理解し、見極めておくようにします。

インテリアデザインのプロジェクトで多いのは、建物や部屋に機能的な不満や改善点があるケースです。「キッチンの動線がよくない」「玄関周りに収納スペースが欲しい」「もっと使いやすいバスルームが欲しい」といった内容です。

もしくは、生活環境に支障があるケースもあります。「外の雑音が響いて、寝室で落ち着いて眠れない」「レイクサイドの立地で湿度が高いため、カビが生えたり木材が腐りやすい」「冬の寒さが厳しくて、室内が暖まりにくい」といった場合です。

そういった、問題解決が中心となる依頼の場合は、事前に写真を送ってもらったり、対応できる素材を調べておくなど、必要な情報を収集します。その上で、問題解決のさまざまなバリエーションをイメージしておくことも大切です。相手の要望を踏まえた上で、自分の役割とは何かを考えておくことが必要となるのです。

最低限、事前に知っておくべきポイントとしては、プロジェクトの内容と条件、目的（デザインのゴール）、家のサイズや間取り、クライアントの要求や要望、スケジュール、デザインチーム（建築家、デザイナー、施工会社や工務店、その他のスペシャリストなど）への希望などです。

その上で「あなたの空間には何が必要なのか」「なぜそれが必要なのか」「毎日どのようなペースで生活しているのか」「どの部屋をよく使用しているのか」など、実際に会ってミーティングを重ねてこと細かに聞いていきます。デザインを提案する際には、クライアントが今以上に快適な生活ができる空間を提供することが前提となるので、デザイナーとして問題意識や課題を持つことは常に必要不可欠です。

そして、「今日のミーティングで絶対に聞いておくことは何か？」を整理しておくことです。特に最初のミーティングでは、予算や納期よりも、自分が何を期待され、求められているのかを確認することが大切になります。

オンライン上での表現

インターネットの発達と共に、ホームページで私のことを知って連絡してくる方も増えてきました。いまでは8割ほどがインターネット経由で連絡をしてきます。ホームページで、インテリアデザイナーとしての第一印象が決まり、そこで感性やビジネスセンスが問われます。依頼者との初回ミーティングをする前から私の印象が決まってしまうのも事実です。

特にコロナ禍を経て、オンライン上でのコミュニケーションスキルの重要性はみなさん意識されていますし、当たり前のことのようにとらえられるかもしれませんが、まだまだ不足しているように感じます。SNSをはじめ、時代によってどんどんツールも変わっていくので、私自身、常に社会の変化に気を配り、学ぶことを止めず、試行錯誤しながらオンライン上での表現を改良し続けることを意識しています。

第一印象は一度きり

まず覚えておきたいのは、初対面の機会は取り戻せないということです。「第一印象」は文字通り「一度」しかありません。その一度で相手にどんな印象を与えるかは、とても重要になります。

だからといって、必要以上に着飾る必要はありません。清潔感があって、本来の自分のイメージを正しく伝える服装を意識してください。

ただ、とりわけ富裕層の方は、デザイナーが何を身につけているか、とてもよく見ています。

たとえば、「あら、いい指輪しているわね」と言われた時に「これは地元で作られたもので……」と、その由来や来歴を話すことで、そこから会話が弾むことがあります。高級なものである必要はありません。ユニークなもの、そして後でご説明しますが、ストーリーがあるものを彼らは評価します。

初対面の際、ある程度、緊張するのは仕方がないと思います。私のクライアントの方々でも、最初のミーティングの際は、態度には出さずとも、実はとても緊張していると言います。はじめて誰かに会う時は、誰しも緊張するのが当たり前のことです。

もちろん私も同じですが、「相手の緊張をほぐせば、自分の緊張もほぐれる」というのが私の考え方。声を整えて、「お会いできて光栄です」と笑顔で自己紹介をします。そして、できるだけ相手にリラックスしてもらえるようにやわらかく接していきます。

そんな中で鍵となるのは、所作や言葉遣いです。とりわけ、もっとも重要なのは、自分が相手に興味をもっていることを態度で伝えることです。相手の表情や言葉に集中することはもちろんですが、何より大切なのは、的確な質問ができるかどうかです。クライアントの興味や関心の先にどんな思いがあるのか。それを引き出すような的確な質問をすることが、相手への興味を示すことになるのです。

話しやすい環境を選ぶ

初回のミーティングは、できるだけクライアントの家を訪ねることにしています。自宅を訪問する大きな理由は、どのような生活環境で暮らしているかを認識するためです。なるべく片付けずに、普段通りの様子を見せてください、とお伝えするようにしています（とはいっても、皆さん、必ず頑張って整理整頓をして迎え入れてくれますが……）。

初回は、なるべく、デザインプロセスに携わる人全員に参加していただきます。独身の方の場合は、ご両親や婚約者など、本人と一緒にデザインを決めていく人にも参加してもらいます。

お子さんたちのことも忘れてはいけません。小さなお子さんがいる家庭では常に子どもが主役です。彼らは自分の部屋がどうデザインされるのか、とても楽しみに待ち望んでいます。そんな小さなクライアントたちにも、きちんと挨拶して、丁寧に話に耳を傾けるようにします。

一方で、二回目以降のミーティングになると、打ち合わせに集中するため、クライアントが話しやすい環境であることが大切になります。小さな子どもの世話が必要な場合はナニー（訪問型のプロ保育士）を呼んでもらう。デスクの上が雑然としていると集中できないので、整頓されている部屋に移る。あるいは、ニューヨークのような街中であれば、カフェに移動することもあります。クライアントが落ち着ける環境で、リラックスして会話していく中で、相手がどのように生活をしていきたいか、じっくり耳を傾けていきます。

安心感を与え、お互いに楽しむ

インテリアデザイナーの仕事は、心を癒したり、満たしたりする空間をつくるため、クライアントをサポートしていくこと。まずはクライアントのインテリアについての考えを尊重し、勇気づけ、安心感を与えていくことが大切です。クライアントは「この家はどうなってしまうのだろう」という不安を心のどこかに抱いているものです。例えば、「先日、インテリアショップで木目の綺麗な椅子をみつけました。あんな椅子が欲しいなあ」と言われたら、「金額はおいくらでしたか?」といった事務的な話題は後回しにして、まずは「綺麗な木目なのでしょうね。お気に入りの椅子に座っていらっしゃる姿が思い浮かびます」といった形で共感し、相手との距離感をできるだけ近くしていきます。

もうひとつ、とても大切なのは、プロジェクトの工程をデザイナー自身が楽しむことです。デザイナー自身が楽しんでいる姿を見せることで、クライアントの笑顔と安心感が生まれてきます。

予算が少ない案件の場合には、「この程度のプロジェクトでごめんなさい」とか「楽しくないでしょう」という人も中にはいます。もし、デザイナーの心の中にそんな思いがあれば、必ず相手には伝わってしまう一方で、予算の多寡にかかわらず仕事を楽しんでいれば、必ずクライアントの心に響くものです。

何より、自分自身のテンションが低いと、デザインの出来にも直結してしまいます。

予算や内容にかかわらず、常に自分自身が楽しむことを大切にしています。

初対面では、メモより対話

ミーティングの際、私は最低でも大きなカバンを二つほど持参して臨みます。カバンの中身の定番は、メモ帳、ペン、テープメジャー、レーザーメジャー、鏡、化粧道具、携帯電話、ラップトップパソコン（サンプルやポートフォリオを見せるため）、カラー見本帳、といったものです。

初対面の時は、メモ帳をできるだけカバンの中から出さずに、対話をするよう意識しています。カバンも手元には置かず、足元に置くようにしています。その理由は、相手の言葉や表情を観察することに集中するためです。相手の言葉や表情を丸暗記するくらいのつもりで、全神経を集中して相手を観察するようにしています。

「当たり前」を疑う

家庭が変われば「常識」も変わります。「これが常識」と思っていたことが、「非常識」と見なされてしまうこともあります。人と付き合う時も同じですが、仕事上でクライアントとやり取りする際は、なおさら気をつけなければいけません。

よく日本人は「これが普通だよね」という言葉を口にしますが、アメリカではほとんど聞きません。まわりの人がどうしているかよりも、それぞれの個人の意向を重視しているのでしょう。

打ち合わせの際、パソコンでメモを取ることを「当たり前」として受け入れてくれるクライアントもいれば、「温かみにかける」とか「失礼」と見なす人たちも少なくありません。人によっては、「パソコンばかり見ていないで、もっと自分の話を聞いてくれ」と言ってくるかもしれません。相手と対話しながら、ケースバイケースで判断していくことになります。

また、あるクライアントには、「丁寧で良い」と思われたことも、別のクライアントからは「堅苦しい」と思われることもあります。

クライアントが一人であっても、家族や親戚が同席していても同じです。家庭やその人の育った環境やライフスタイルによってルールが異なることを認識しておく方が良いでしょう。

「できること」と「できないこと」を伝える

インテリアデザインのプロジェクトがスタートする際には、自分にできること、できないことを明確に伝えて、現実的なゴール地点を合意しておくことが大切です。

クライアントと対話をしながら、予算内や空間内でできること、自分が得意なこと、どのような技術や感性をアウトプットすることが可能であるかを伝えていきます。与えられた条件の中でどれだけ相手の価値観に沿ったデザインを自分が提供できるのか。プロジェクトをスタートする前に、ゴールに至るまでのデザインの流れを説明します。

同様に「できないこと」をきちんと伝えておくことも大切です。ただし、伝え方には注意が必要です。仮に「できないこと」があったとしても、なぜできないのか、その理由を伝えるように意識します。予算の問題なのか、空間の広さの問題なのか、もしくは、自分の専門の範囲を超えているのかなど、理由を明確にして伝えます。

その上で、自分の「できること」をアピールしていきます。

雑談の中で、相手の興味を知る

相手をよりよく知るために、会話の中で相手の興味のあるポイントを押さえていくことも大切です。音楽やスポーツ、趣味、なんでもかまいません。このポイントを押さえておけば、デザインを進める際にも役立ちます。

たとえば、洋服が好きなクライアントであれば、お気に入りのファッションの話を聞きながら、「この人にはジャケットを飾る収納が必要だろう」などとイメージがふくらんでいきます。「料理が好き、それもクッキーを焼くのが好きだ」ということがわかれば、おいしいクッキーを焼くコツを教えてもらいながら、ベイキングがしやすいキッチンを考えていきます。一見、デザインに関係のないような話にも、デザインに通じるヒントがあります。何気ない会話が、実際にデザインを進める上での糸口になるのです。

相手がなごむツボを押さえていくことも重要です。たとえば「この家族はペットの話をすればなごむ」「このご主人は奥さんの話をするのが好きだ」などと、緊張を解くような話題が何であるかを押さえておくと、その後の会話がスムーズにいくことが多くなります。

雑談の効用は、相手への理解度が上がり、デザインのヒントをつかめるだけでなくお互いの距離が近づくことにもあります。リラックスした会話を通して、ビジネストークだけでは伝わってこない人柄を知ることもできます。

相手との距離を縮めながら、デザインのヒントを探る。私にとって雑談は、とても大事なクライアントとのコミュニケーションなのです。

「この人とまた話したい」と思ってもらう

インテリアデザイナーのコミュニケーションの基本は、「この人とまた話したい。話を聞いてほしい。また会いたい」と思ってもらうことです。

そのためにいちばん大切なのは、デザイナー自身がクライアントに興味をもつことです。初対面でクライアントがいちばん見ている部分は、インテリアデザイナーがどれだけ自分たちに興味をもってくれているかです。

デザイナー自身にとっても、クライアントに興味をもつことはデザインの良し悪しに直結します。彼らの生活のスタイルやリズムについて、とことん話を聞いてみたいと思う好奇心や探究心が「その人の輪郭がわかるインテリア」を築いていきます。

では、どうしたら、「また会いたい」と思ってもらえるか。

私が心がけているのは、常に相手と真剣に向き合うことです。相手の話を一生懸命に聞く。とても基本的なことではあるのですが、それこそが大切だと思っています。

時には、デザインの打ち合わせをしていて、話が前に進まなくなったり、ご夫婦の間で意見が割れて堂々巡りになったりすることもあります。そんな時でも、面倒くさがらずに、時間をかけてじっくりと向き合うこと。

決して特別なことではないのですが、常に手を抜かずに真摯に向き合う。そうすることで、「また会いたい。話を聞いてほしい」と思ってもらえるのではないかと思っています。

chapter 5

developing the designs

第5章

仕事の進め方〈実践編〉

「嫌い」を聞く

ここからはデザインをする上で実際にどのような質問をしているのか、具体的な聞き方について説明していきます。

相手にインタビューをする際、どれだけ的確で良い質問をできるかが、デザインの良し悪しにつながります。相手の情報をたくさん持っていれば持っているほど、実際にデザインをしていくうえで大きな助けになるからです。

では、何から聞いていけばよいのか。

まずは「嫌い」を聞くことです。

暮らしの中において嫌だと感じているもの、不愉快なもの、障壁となっているものについて、とことんクライアントに考えてもらいます。デザイナーも受け身で聞くだけでなく、クライアントと一緒になって「あれも嫌いだ」「これも嫌いだ」と考えていきます。

子育てをした経験のある方だと、思い出す光景かもしれません。子ども達に自由な発想で考えてもらうイメージです。この段階では、予算やデザインという概念を捨てて、ただ嫌いなものを全て吐き出してもらいます。

「この椅子が嫌いです」「この色は苦手です」「このタイルは嫌いです」などといった感じです。

そして、「この椅子が嫌いです」と言われたら、「なぜ嫌いですか」「どこが嫌いですか」と質問を増やしていくことで、少しずつ負の要素となっている原因を突き止めていきます。色が嫌いなのか、形が嫌いなのか、座り心地が悪いのか、もしくは、何か嫌な思い出があるのか。「嫌い」の理由をじっくりと掘り下げていくことで、クライアントがふだん意識していない要素があぶりだされていきます。

その質問の先にわかってきた「嫌い」の要素を、全てのインテリア空間から取り除いていきます。

「嫌い」を聞くことから悩みの解決へ

「嫌い」を聞いていくと、家具や空間とは全く関係ない日常生活の上での悩みなどの答えも返ってきます。
たとえば、

・ご主人と奥さまの生活パターンが違う
・子ども達が勉強に集中できなくて困っている
・洗濯物がたまってしまう

……などなど。

コミュニケーションし続けていくと、「リビングルームのテレビの位置が悪く、ソファの座り心地も悪い」「リビングの暖炉はこのままでいいけれど、テレビや絵画を置く場所がなくて困っている」などと、少しずつ細かな問題も出てきます。

デザインを依頼する前には気がついていなかった自宅の不便な部分を再認識して、積極的に伝えてくれるようになります。「何が嫌いか」という一つの質問から、会話がどんどん膨らんで来ます。

この過程で、クライアントは、日々の生活においてこれまで意識していなかった感情を見つめ直していきます。嫌いという感情は、住宅のインテリアデザインを進めるうえで、大きな手がかりを含んでいます。

ここで大切なのは、そのこと自体の是非よりも、「嫌い」という感情の奥に何があるのか、その原因を突き止めて、問題解決策を練ることなのです。

たとえば、子どもが勉強に集中できないで困っているとします。これは一見インテリアデザインの問題ではないように思われるかもしれません。しかし、全てに改善策があります。デスクのまわりに気が散るものがあるのか、周囲の音が気になるのか。ひとつひとつ理由を探っていくことで、たとえ完全に「解決」することができなくても、「改善」することができると私は考えています。

「嫌い」を尋ねる理由

ネガティブな要素である「嫌い」を尋ねる理由は、大きく分けて二つあります。

一つは、「嫌い」を聞くことで、相手の好きなものがわかってきます。「ガラスのビールグラスは嫌いだけれど、陶器のカップは温かみがあって好き」だとか、「植物のプリント柄は好きだけれど、花柄は苦手」だとか、クライアント自身がそれまで気づかなかった「好き」を知るきっかけになるのです。

二つ目は「嫌い」を聞くと、クライアントが自分自身と向き合うきっかけができるのです。ただ単に、「嫌い」なものを聞くだけでなく、「なぜ嫌いなのか」を尋ねることで、クライアント自身に理由を考えてもらいます。そうすると、嫌いな理由をきっかけにして、それまで気づいていなかったクライアント自身のこだわりや執着心といったものが、浮き彫りになっていきます。

インテリアデザイナーの仕事のひとつとして、「クライアント自身が気づいていなかった自分の気持ちに気づいてもらう」といったことを冒頭で書きましたが、この「嫌い」を聞くことは、その部分に直結する具体的な方法なのです。

では、なぜ先に「好き」を聞かないのでしょうか？

答えは簡単です。人は好きなものを聞くと、あまりにもたくさんありすぎて、答えに悩むケースが多いのです。でも、不思議なことに、嫌いなものを聞くと、迷わずに表現ができるのです。

そもそもクライアントは「I love this, I love that...」の連続です。何が好きかを聞くと「あれも欲しい、これも欲しい」となってしまいます。だから、「嫌い」を聞くことで、本当に好きなものは何なのかを気づかせることができるのです。

相手の嫌いなものを知ることは、何をどのようにデザインしていくのかというおおまかなデザインプランニングにもつながります。数学でいうマイナスを一番最初に取り入れるわけです。まずデザインプランから嫌いな事や物を取り除いていく。その後に、相手が好きなものを徹底的に分析していくのです。

「MUST」を尋ねる

リストから「嫌い」の要素を取り除いた後は、「MUST」（絶対に必要なもの）を聞きます。

MUSTとは、相手がデザインに対して必須と考えている条件や要望です。クライアントがこだわっているポイントを少しずつ探っていきます。

この「MUST」については、聞くばかりではありません。インタビューで得る情報以外に生活空間をつぶさに観察することも重要です。

部屋に海外の写真やお土産品が置かれていたら、旅行の話題を出してみる。そして、旅行が好きで、思い出の品を大切にしていることがわかれば、記念品を飾る棚を作ることをクライアントに提案できます。色々な視点からクライアントの情報を得ることが重要なのです。

たとえば、キッチンの空間ひとつとっても、「キッチンは対面式で家族と話ができる方がいい」「対面式でなくても庭全体が見渡せるレイアウトがいい」「対面式よりも壁に囲まれている方が料理の効率が上がる」などなど、それぞれのライフスタイルに合わせたMUSTな空間を導き出していきます。

MUSTなリクエスト〈ペット編〉

ニュージャージー州に住む愛犬家のご家族から依頼を受けた時のことです。依頼の一つに「ペット専用シャワールーム」のデザインがありました。

家族は、ご夫婦と育ち盛りのお子さん3人、それに年をとった愛犬のゴールデン・レトリバーでした。彼らにとってペットは家族の一員です。

ご主人のお父様が建築家だったため、新築一戸建ての家の基本設計は終了していました。したがって、階段からキッチン、バスルーム、ベッドルームなどのデザイン、および家具のデザインまで、インテリア設計の全てを任された仕事となりました。

ここでのＭＵＳＴな条件とは、

・ペットに優雅な生活をさせてあげたい

・犬専用のシャワールームを地下室に作る

・安全で清潔感あふれるインテリアであること

が基本でした。

とりわけ、「ペット専用のシャワールーム」というのは、私にとってははじめての経験でした。

この時も、どんなシャワールームを求めているのか、徹底的に「聞く」ことでデザインを作り上げていきました。シャワーの位置ひとつとっても、十分な検討が必要です。人間が扱いやすい場所で、かつ、ペットの邪魔にならない高さはどこなのか。また、シャワーをすると、どうしてもたくさんの毛が抜けて、排水口が詰まりやすくなるといいます。その対策として、水の流れを計算して排水口を三つ設置しました。さらに、犬の足裏でもすべりにくくするために、少しざらついた床の素材を選ぶなど、徹底的にヒアリングすることで、ＭＵＳＴな条件をクリアすることが出来ました。

ＭＵＳＴなリクエスト〈ベッドルーム編〉

冒頭でご紹介したミシガン州のレイクサイドハウスの内装設計をしたときのことです。

クライアントのご夫婦には、日常生活の上での悩みがありました。二人は微妙に生活パターンが違うというのです。話を聞いていくうちに、その悩みがよく理解できました。

ご主人は早寝早起きで、朝からジョギングや湖でボートに乗ることを楽しみ、仕事が休みの日も活動的な方でした。

一方の奥さまは、専業主婦で、朝は比較的ゆっくり起き、夜は寝室で本を読むことが好きでした。時にはインテリアプロジェクトのことを考えながらベッドに入り、アイディアが頭に浮かぶと、起きてメモを取るのだといいます。真っ暗な部屋で、携帯の明かりを頼りにメモをするそうです。

これだけ聞くと、インテリアで解決できる問題ではない気がしますが、寝室のリクエストは次のような内容でした。

ご主人
・夜は早く寝るので枕元に明かりは必要ない
・ベッドのマットレスは硬いものがいい
・寝室にテレビは必要ない

奥さま
・夜に寝室で本を読みたいので、枕元には明かりが欲しい
・その明かりがなるべくならばご主人に漏れない方がいい
・ベッドのマットレスは柔らかいものがいい

・寝室でテレビも観たい
・部屋は全体的に明るく、朝と昼は窓の外の湖畔が見たい
・シーツを取り換えやすいベッドフレームがいい

……などなど。このリストはまだまだ続きます。

この依頼をよく考えてみると、お二人の生活のリズムを変えることはできませんが、環境を変えることで過ごしやすくなるお手伝いができるのです。

例えば、ベッドルームのデザインについて、左右対称でなければならないとお考えの人は多いのではないでしょうか。

この時、私がクライアントに提案したのは、アシンメトリーの空間だったのです。

ベッドルームの窓は、部屋の隅にありました。そこでヘッドボードの横に窓が来るようにベッドを配置しました。こうすると、ベッドの反対側には壁と、バスルームへとつながる扉が来るようになりました。照明が必要のないご主人はベッドの窓側に寝てもらい、奥さまは壁側へ寝ていただくようにすれば、あとは照明を壁につければ問題は解決です。

照明もＬＥＤにして、本が読めるように明度が調節できるスポットライトタイプにしました。

この家は最新のスマートホームテクノロジーを導入しました。最近、日本でも広がってきましたが、照明、空調、換気、セキュリティ、太陽光発電などを、スマートフォンや音声デバイスを通してすべて制御できるシステムです。

奥さまが本を読むための照明もスマートフォンを使って手元で操作できるようにしました。

また、ご主人が硬いマットレス、奥さまが柔らかいマットレスと、異なる希望だったため、一枚のマットレスの中で寝る場所によって硬さの違うものを特注することで解決しました。

ベッドフレームも、シーツを取り換えやすく、かつきれいに見えるものを提案しました。テレビは、造作家具の中に置く形にして、ふだんは隠せるデザインにしました。

このようにご夫婦の寝室に求めるものの違いと、睡眠時間の差を解決したベッドルームをデザインしました。人によって必要な睡眠時間には違いがあります。短い睡眠でも効率よく眠ることができれば、健康に過ごせる人もいます。忙しい人にとっては、短時間でも良質な睡眠が確保できることが寝室の条件です。

全ての要望を満たすためには、徹底的にヒアリングをしなければなりません。そうでなければ、デザインでの解決法は浮かばないのです。

矛盾する「MUST」と「嫌い」

「ＭＵＳＴ」と「嫌い」が矛盾した難しい依頼もありました。

ニュージャージー州に住むクライアントのご主人は感情の起伏が激しく、時に強く自己主張をする方でした。インテリアに関しては、コンテンポラリーなスッキリとしたフォルムのソファやテーブルが好みで、室内全体は真っ白な壁に囲まれていました。その中に一部屋、小ぶりなリビングルームがあり、私が依頼されたのは、この部屋のコーディネートでした。

ただ、なぜかその部屋だけ、伝統的な家具ばかりが置かれているのです。「この部屋をアンティークルームにしたい」というのがご主人の要望でした。

しかし、打ち合わせを始めてみると、実は奥さまが大のアンチ・アンティークだということがわかりました。アンティークの家具に対しては、「見るのも、そばに行くのも嫌だ」と言います。にもかかわらず、ご主人はその部屋を「自由にレイアウトしていい」というのです。

デザイナーとして「自由に」と言われるのは信頼の証であり、たいへんに嬉しいことですが、一方で、実際には「自由」なデザインはあり得ない、ということは前にも書きました。仮に「自由に」と言われても、空間的な広さや予算的な縛りがまったくない物件が存在しない以上、常に何らかの制約の中で行うものが「デザイン」なのです。さらには、クライアントにとって最高の空間を作るためには、これまでも繰り返しお伝えしてきた通り、コミュニケーションが絶対に必要になるのです。

この時もご夫婦との対話を経て図面を作り、数週間後、ご主人に提案しました。すると、「このアンティークのラウンジチェアは見るのも嫌だから、ソファの奥にレイアウトしてほしい」と激しい口調で言います。それまで、とことん話を聞いた上で、要望に沿ったレイアウトを提案したはずです。私は「このラウンジチェアは必要だとおっしゃっていましたよね」と返しました。事前のミーティングでは「嫌いなもの」に入っておらず、むしろ「ＭＵＳＴ」と言われた椅子だったからです。

ご主人はしばらく沈黙を続けたあと、理由を話しだしました。

そのラウンジチェアは、幼い頃に離別した実母から譲り受けたもので、見るたびに寂しい思い出が脳裏に浮かぶから「嫌なのだ」と言います。それに加えて、奥さまからも「その椅子が嫌いだから、見えない位置に置いてくれ」と言われたことも原因でした。

母や妻への深い想いもあって「このラウンジチェアの存在自体が悪いのだ」と普段は考えているそうですが、「でも母の形見であるから残しておきたい」という思いも拭いがたいものだったのです。ご主人は、そんなアンビバレントな思いに引き裂かれていました。

私が最終的に提案をしたのは、その相反する思いをプラスに変えることでした。

解決策は二つありました。

まずは、彼の好きな木の素材を生かし、木目を生かすために水性のステイン塗料(浸透性で匂いの少ないもの)を塗りました。すると、雰囲気ががらりと変わりました。そして、奥さまが嫌いだといった座面の生地とスリップカバー(椅子カバー)をシンプルなものにデザインし直したのです。

その結果、嫌いと言われたラウンジチェアが、はじめに私が提案した通りの場所に置かれることになりました。

この仕事で何よりも嬉しかったのは、しばらくしてから「今ではその椅子を夫婦で奪い合っている」と聞いたことでした。

感情的な言動の背後には、必ず理由がある

仕事をしていると、クライアントが強く自己主張してきて意見がかみ合わない時があります。また、依頼人のご夫婦の意見が合わず、互いにぶつかる時もあります。そうした時には、まず深呼吸をして、その場の雰囲気を確認して、相手の態度をよく観察していきます。

相手から感情的で一方的な自己主張をされるのは戸惑うことですが、一呼吸おいて、どうしてそのような感情になったのか、その真意を探り、その感情の背後にある本当の理由を聞き出すことが大切になります。どんな仕事をしていても、相手が感情的になるケースはあると思うのですが、そんな時は、なぜそうなったのか、一旦、立ち止

まってみることをおすすめします。

私の仕事の場合、相手はインテリアに対して主張しているわけですから、解決方法もインテリアにあるはずです。

先ほどのケースのように、「たかが椅子。されど椅子」です。たった一つのラウンジチェアで、時に人は感情をむき出しにするのです。しかし、ラウンジチェアという家具が家族の大きな心の歴史を物語っていたからこそ、そこまで感情をむき出しにせざるをえなかったのです。

感情的な言動をするクライアントの前では、まずは一歩引いて、その理由がなんであるかを突き詰める。その後に、プロとしての解決策を伝えることが必要です。

ここでもやはり、「とことん聞く」ことが重要になるのです。

chapter 6

passing beyond your expectations

第 6 章

相手の期待の上をいく

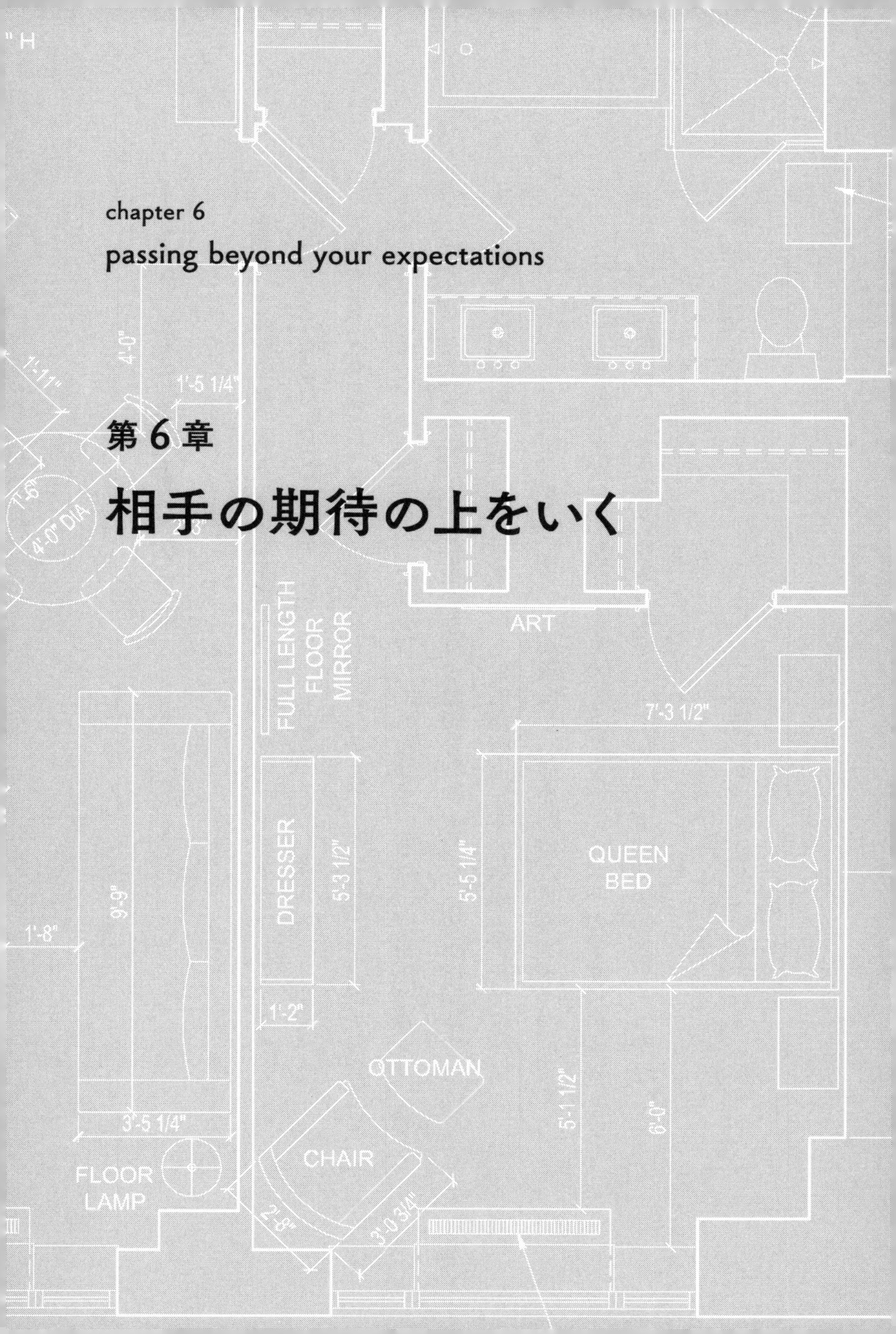

120%を目指すのがプロ

さて、ここからは、もう一歩進んで、私のインテリアデザイナーとしてのこだわりについてご説明したいと思います。

デザイナーに限らず、どんな仕事においても、クライアントや仕事相手の期待に100%で応えるということは、お金を払ってもらっている以上、当然のことだと思っています。大切なのは、そこからどれだけ価値をプラスして、相手の期待を上回り、満足してもらえるか。そこが、私がプロとして大切にしているポイントです。

私のデザインには必ず、クライアントが想像していなかった要素が入っています。クライアントが当初、イメージしていたものの少し上をいく。そのプラスアルファの部分こそが、私自身のやりがいにもつながりますし、何よりクライアントの満足につながるのです。

では、どのようにプラスアルファを作っているのか、紹介していきたいと思います。

その人だからこそのストーリーをデザインする

みなさんもご自身の暮らしの記憶をたどる時は、なにかしらのストーリーと結びついているものではないでしょうか。クライアントとインテリアデザインの話をしていても、ご家族のエピソードや記憶と結びつくことがあります。

私がインテリアデザインをする時も、ストーリーを大切にして、それを生かすようにしています。クライアントの話を聞きながら、彼らの体験談やさまざまなエピソードを記憶から呼び起こし、それをデザインに生かしていく。もしくは、デザインそのものをストーリーにしていく楽しさを伝えていきます。

では、デザインをストーリーにしていくとは、どういう意味なのでしょうか。

たとえば、「このインテリア空間にストーリーがある」と言った場合、「そのインテリアによって人々の想像力がインスパイアされ、人々の会話のきっかけとなり、また会話に広がりを持たせるような空間になっている」という意味になります。その空間に立つと、歴史的な背景や記憶が見えてきて、それがコミュニケーションのカギとなっていくのです。アメリカ人にとって家とは、ゲストを呼ぶところであり、人々が集うところです。そんな空間からストーリーが感じられると、より一層、会話がはずむことになります。

デザインの中にストーリーを作っていく方法は、大きく分けて三段階あります。

一つ目は、過去からつながるストーリー。言い換えると、インテリア空間そのものがもつ背景です。

アメリカ人は中古物件を大切にするため、私の仕事もリノベーションのケースが多いのですが、たとえば、依頼された物件がビクトリア朝時代のものであれば、当時の家具からライフスタイルまで調べて、その建物自体の個性を残します。1950年代に建てられたものであっても同じです。その建物の歴史的な背景をインテリアに生かすのです。

二つ目は、現在のストーリー。いまを生きる私たち自身が、その空間にどんな家具や調度品を置くのか、ということです。

たとえば、建物自体が1950年代に建てられたものだったとします。クライアントによっては、その当時に作られた家具を置きたい、という方もいれば、逆に、現代的な家具を置きたい、という方もいるわけです。どちらの場合であっても、ただ単に「おしゃれだからこの家具を置きましょう」とか、「あなたの好みに合うのはこれだから」といった理由だけで家具を提案することはありません。一つ一つの家具の背景に何があるのか。どんな工房や製作者によって、どんな思いやコンセプトで作られたものなのか。そういった、もの自体がもつストーリーまで含めてクライアントに提案し、選んでもらうようにします。

そして三つ目は、未来につながるストーリー。クライアント自身がその空間でどんなストーリーを作っていくのか、ということです。

一つ目と二つ目を経て、クライアントにとって意味のある、ストーリーをもった空間が出来上がっています。最後となる三つ目の段階では、そこに住むクライアント自身が、自分たちの新しいストーリーを作っていけるようにする、ということです。そこに住む人たちが、毎日の暮らしの中でより良い時間を過ごし、家族の新たな歴史を築くこと。この三つが揃うことで私の考える「ストーリーのある空間」が完成するのです。

部屋に飾る絵画にもストーリーは必要

家具だけでなく、部屋に飾る絵画を提案するとき、その絵画を「いつ、誰が、どうして描いたのか」というストーリーをクライアントに伝えます。単にその絵画をその部屋に置きたいと思うだけであれば、感覚やセンスの話、あるいは、デザイナーの自己満足で終わってしまいます。そうではなく、その空間だからこそ、あるひとつの絵がふさわしいと言える。つまり、必然性があり、普遍性のあるストーリーを導入していくのです。そうすることで、空間のもつ意味や意義も深まるのだと思います。

画家が何を思い、どんなものを背景にしてその絵を描いたのか。クライアントやそこを訪れる全ての人の想像力を掻き立てるような具体的なエピソードや意味を考えてアートを選び、クライアントにもそのことを理解していただいた上で購入し、インテリアの空間に収めます。

そうすることで、家を訪れた時、「綺麗な絵でしょう」で終わってしまう会話が、「この絵は部屋のインテリアをデザインしてくれた女性が、どこどこまで行って探してくれた絵で、「画家はこういう人で……」と会話が広がるわけです。

クライアントの笑顔を見ながら、その人の夢を叶えるデザイン、また想像力が掻き立てられるデザインを作り出していくことは、私にとっては寝る前に子どもたちに物語を聞かせていたことと似ています。相手の想像力の翼を広げていくという点では、同じことだからです。

点と点を結んで物語をつむぐ

あるクライアントのために、アメリカ西海岸、ワシントン州のシアトル市に住む女性アーティストが描いた絵画をみつけました。そのアーティストはピアニストでもあり、彼女が描く絵画の中からはピアノの旋律やリズムが聞こえてくるようです。

実は彼女とは、私がシアトルの建築会社に勤めているときに、商業デザインの仕事をした経験があります。彼女は、花や鳥、砕ける波といった生物と自然の独自の動きを取り入れた絵画を描いていました。そんな彼女の作品をインテリア空間に収めるために、まずはクライアントに、その絵画がどのようにしてできたのか、描かれた背景を伝えます。

富裕層のクライアントは、前にも書いたように、スマートな倹約家たちです。絵画の美しさだけでなく、作品の持つストーリー性や画家の価値観、価格、そして私のプレゼン能力、その全てがバランスよく保たれた場合のみ、その商品の購入を決断するのです。

この時、クライアントに薦めたのは、自然の中の水しぶきをモチーフにして描かれた絵画でした。

物件自体は、湖畔に建つレイクサイドハウスで、そのクライアントが語っていたのは「時間帯や季節によって湖の水の色が毎日、違って見える。だから、移り変わっていく湖の様子を楽しめる家にしたい」ということでした。その話を聞いていて、時間というものをとても大切にしている方なのだ、と感じました。

この絵は、水が移り変わる様子ではなく、一瞬の様子をとじこめたものでした。言い換えると、水というものの普遍的な姿が描かれているように感じたのです。私がクライアントに語ったのは、移り変わる時間を大切にしているからこそ、流れていく時間だけでなく、「一瞬」や「普遍」といったあり方というものも、感じていただきたい、ということでした。

しばらくして、そのクライアントはこの絵画を購入しました。そして、「時間というものについて、改めて考えさせられた」と言ってくださいました。

インテリアデザイナーの仕事は、感性や技術力を持っていればいいというものではありません。点と点を結び、そしてその点が結ばれて線となり、線となった物語をいかにデザインとして語ることができるか。そうすることで、そのインテリアはクライアントの記憶に残り、特別なものとなっていくのです。

悪夢をはらう「ドリームキャッチャー」

みなさんは、「ドリームキャッチャー」をご存知ですか？

ネイティブアメリカンのオジブワ族に伝わる、輪っかの形をした装飾品です。輪には、目の粗いクモの巣状の網が張られていて、その網目が悪夢をキャッチしてくれると言われています。ベッドの上に掛けることで、眠っている子どもを悪夢から守ってくれる魔除けのお守りとして伝わっているようです。

私とドリームキャッチャーとの出会いは１９８０年代の終わり。「悪夢は網目に引っかかったまま夜明けと共に消え去り、良い夢だけが降りてきて眠っている人のもとに入る」と、サウスダコタ州にある小さな田舎町の店頭で、ネイティブアメリカンの店主に教えてもらったのがきっかけです。その瞬間、私はドリームキャッチャーに魅せられてしまいました。

日本の「お守り」にも、それぞれの神社仏閣に伝わるストーリーがあるように、この日出会ったドリームキャッチャーにも、素晴らしいストーリーがあることを知ったのです。

息子たちが幼い頃、寝つきの悪い夜には、『The Secret Language of DREAMS』という夢についての本や絵本を読みながら、このドリームキャッチャーのお話をしたものです。今でも二人の息子の部屋には、ドリームキャッチャーが飾られています。

私はよく、このドリームキャッチャーのストーリーをクライアントにお話ししています。調度品ひとつにも素敵な物語があることを伝えた上で、私もあなたの悪い夢を遠ざけ、良い夢を叶えて差し上げます、とお伝えしています。

顧客をあっと言わせるアイディア

デザインの発想力や想像力、アイディアは、過去の経験やインテリアの知識の蓄積、それに加えて最新の情報から生み出されます。正直なところ「あっ、これだ！」というひらめきが散る瞬間は、論理的に説明できないことも少なくありません。

クライアントが要望、要求しているものだけを考えていては、「あっと驚くような」デザインは生まれません。要求されるものをただ探して、選んでくるのであれば、インテリアデザイナーならずとも、多少の知識がある人であれば誰でも同じ作業ができるでしょう。そうではなくて、じっくりと時間をかけて、試行錯誤の末に、オリジナルなアイディアに沿ってベストな解答を見つけ出す――。それをクライアントにプレゼンできてこそ、本当のプロの仕事であり、クライアントを驚かすことができるのだと考えています。

私には、クライアントをあっと驚かせることを表現するマジックワードがあります。アイディアがどのようにして生まれているのか二つの事例で綴っていきます。

Wow Factor（ワオ・ファクター）

一つ目は、デザインの中にクライアントが予期していない要素を取り入れて、「凄い」と思ってもらうことです。これを私は「Wow Factor」と呼んでいます。"Wow!"というのはアメリカ人が驚いた時にあげる声です。

このワオ・ファクターはクライアントを驚かせるばかりでなく、一歩間違えれば、クレイジーアイディア、つまり「これはやり過ぎ」と拒否されるような要素にもなります。拒絶されるギリギリの手前で「凄い」と思われる要素を取り入れる。でなければ、真に人を驚かせることはできません。

「Wow Factor」の実例をひとつご紹介します。

ニュージャージー州の自宅にライブラリー（書斎）を増築したいという依頼でした。クライアントは、ニューヨークの金融街ウォール・ストリートで働く実業家です。

増築する書斎は、彼が仕事をしたり、家族とテレビを観てくつろいだりする部屋にしたいという要望でした。シンプルであるより、デコラティブな空間を希望されていました。

室内は書籍や自分が集めてきた彫刻を並べ、安らぐ空間ではなく仕事のテンションを上げる、エネルギッシュな空間にすることと、色にこだわりを持たれていました。「男性的な匂いのする、他の人が持っていない空間を作ってください」との依頼です。

間取りを考え、設計している間も、いつでもクライアントの話を聞くようにして、全ての要望にどう応えていくのかを整理していきます。

・ヨーロッパにいるかのように感じられて、かつ男性らしい色調の部屋
・壁一面が書籍や彫刻を飾る棚であること
・収納は少しだけで良いこと
・仕事以外の時は子どもたち（女の子二人）と奥さまとテレビを観ることができること
・家全体のデザインと調和が取れていること
・家全体の中でも、その部屋だけは自分の個性が光るもの

では、実際にどの様に表現したのでしょうか？

まず、細部まで内装の設計をし、特注のオリジナル家具のデザインを行いました。その過程で、家具、照明、窓の装飾などのプレゼンも行います。先方の条件の一つが「落ち着きのある男性らしい色合いの部屋」ということでしたので、部屋の壁と全てのオリジナル家具をダークカラーにし、その空間を引き立たせるために天井だけを白として残しました。

床に敷くラグ（毛織物）のデザインはクライアントの想像を遥かに超えていたようです。

ラグの前に提案したのがソファだったのですが、生地はベルベット素材で、ブリーチ（脱色）加工され、防水加工も施された一風変わったものでした。色は光の加減によってダークブルーにも見えるようなブラックでした。

その次にラグを提案しました。ご主人も奥さまも「はっきりした色のラグがいい」と言っていたのですが、色もデザインも思いつかないということで、私に任されていました。そして私が考えたのは、高級感のあるベルギー製で、色はとても明度の高いピンクだったのです。

ラグのプレゼンを始めた瞬間に、彼の顔には笑みが浮かび、大きな声でこう言いました。「これは今までに見たことがない大胆なラグだね」「これはサトミでないとダメだな」と。なぜ、黒のソファにピンクのラグを合わせるのか、どうしてこの空間にそれを入れたのかを論理的に説明し、ベルギーで作られたラグの持つ「ストーリー」を伝えました。すると、クライアントはこう口にしました。

「Wow! It is amazing!」

クライアントの話を聞き、私の話も聞いてもらい、徹底的にコミュニケーションをとるうちに、彼の好みを発見しました。そして彼が高揚感を覚える部屋にすることができたのです。

Out Of The Box（アウト・オブ・ザ・ボックス）

二つ目は、クライアントが自分たちで考えてもいないアイディア、または考えつかなかったデザインの提案をすることです。例えば、アメリカ人にとって室内の壁というのはペンキを塗るものなのですが、そういう固定観念を持っているクライアントにあえて壁紙を提案してみるといったことです。

それを私は「Out Of The Box」なデザインと呼びます。「自分の枠を超えたデザイン」という意味です。

「Pull Out Of Your Comfort Zone」、つまり「自分が居心地のいい空間（や考えや思考）から飛び出しましょう」という意味で、これは私がいつもクライアントに伝える言葉の一つです。居心地がいい空間は素晴らしいけれど、それだけでは物足りない。思いもよらなかった刺激で自分の感性を揺さぶって、ワクワクすることを提案するのです。

クライアントが思いもしなかった提案をするという意味では、「Wow Factor」にも似ていますが、「Wow Factor」がクライアントに新しい世界を発見してもらうことだとしたら、「Out Of The Box」は新しい分野に挑戦してもらうことだと言ったらいいでしょうか。クライアントにとって、慣れ親しんできた習慣や環境から一歩離れてもらうのです。

「Out Of The Box」の実例としては、壁が白い部屋をもっと明るくしたいというクライアントがいました。

その依頼に対して、私はあえて一面だけダークなグレーを使った壁を提案しました。クライアントは、「私は明るい色を要望したのに、なぜこの壁をダークにするの？」と驚いて聞きます。しかし、明るい空間だからこそ、あえて一部にダークな色を使うことで、周囲の明るさが一層引き立つことを私は伝えました。

クライアントが望んだように、四面の壁を全て乳白色にしてもいいのですが、それではいかにも無難な選択です。デザインや空間によっては、真っ白な空間を演出したほうがいい時もあります。ただこの時はマンハッタンの小さな物件でした。リノベーションをするのであれば、確実に室内を明るく、そして広く演出したいのです。

全体の空間に奥行きを与え、備え付けの棚のオブジェを引き立たせるためには、その壁をダークなグレーにする必要があったのです。そうすることで、クライアントが大切にしている日本のこけしなど、棚に飾ってあるものを強調した空間にできました。アクセントカラーをつけることで、その壁自体に深みと存在感が生まれ、置いてあるものも引き立つのです。

後になって知ったのですが、私がその提案をした当初、クライアントは半信半疑だったそうです。けれど、自分たちが選んだデザイナーなのだから、任せてみようと思った、と。その結果、想像もしていなかったサプライズを与えてもらえて、深みのある空間になった。これこそ、プロの仕事だ、と言ってくださいました。

クライアントがイメージしているものと正反対の提案をすることは、リスクもありますが、時にはルールを破ることも必要です。大切なのは、相手の考えから少しはみ出すことです。

chapter 7

embracing challenge

第7章

いかにして
問題を解決するか

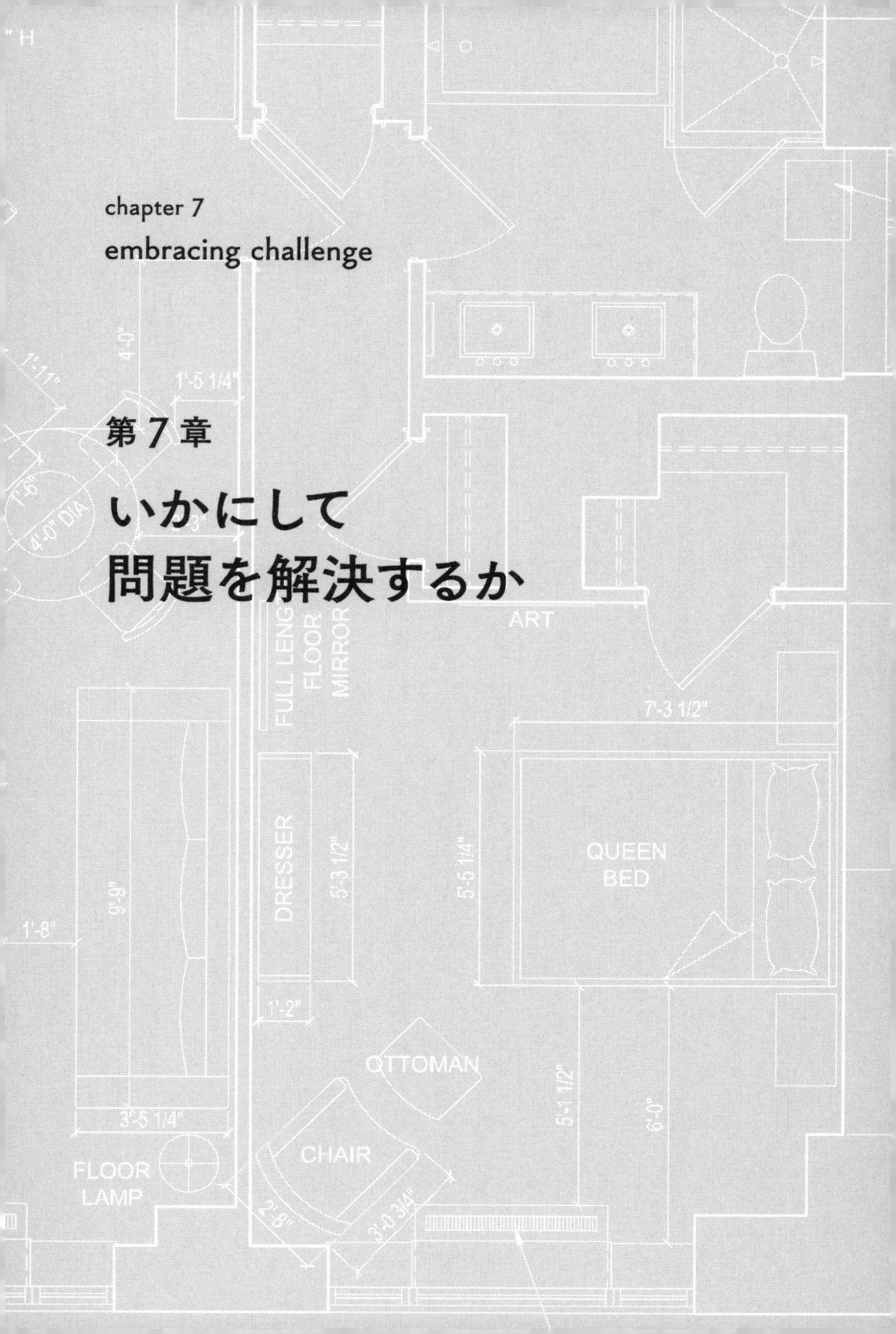

決められないクライアント

こだわりの強い人によくあるのですが、デザイナーから受けた提案の内容が素晴らしいものでも、なかなか決めることができない場合があります。

家づくりをする際には、クライアント側も心をオープンにしないと、自分の理想のデザインを形にすることはできません。思ったことはどんどんデザイナーに言うべきで、一方、デザイナーはクライアントのアイディアを否定するのでなく、良いもの、必要なものを取り入れながら、相手の定まらない心を読んで、気持ちを動かしていく必要があります。

それでも中には、どのようなデザインを提案しても、ギリギリまで理由をつけて、決断できない人もいます。そういった場合に、まず私がクライアントに伝えることは、「時間をかけて決められるのであれば、時間をかけてください」ということです。「時間をかけたい」というクライアントの気持ち自体を否定するのではなく、まず受け入れる姿勢が大切です。ただし、決断できなければ納期が遅れることになり、最終的にクライアントにとってデメリットになることも合わせて伝えます。

けれど、実際には、決断力に欠けるクライアントの多くは、時間が足りないのではなく、決断ができないのです。

意外に思われるかもしれませんが、こうした決断力に欠けるクライアントは理系の職業の方に多いのです。彼らの多くは1＋1＝2という正解のある世界で生きている。一方で、デザインとはいわば正解のない世界です。最終的には、自分の直感や好き嫌いで決めるしかない世界なのですが、そうした経験が少ないのかもしれません。

彼らは迷いに迷った時、「サトミはどちらがいいと思う」と私の意見を聞いてきます。そんな時こそ、デザイナーの腕の見せ所です。

そこで大切なのは、こちらの案をできるだけ具体的に提示すること。その提案の理由をきちんと説明すること。そして、迷いなく、自信をもって伝えることです。

「白と黒だったら、私は白のほうがいい。それもやや黄色がかった白のほうがいい。なぜなら〜」といった形で答えると、「なるほど。でも、だったら自分は同じ白なら、こっちのほうがいい」と、少しずつ前に進むことができるようになるのです。

クライアントが決められない気持ちを受け入れつつ、プロとして自信をもって具体的に提案する。定まらない相手の心をリードしていくのもデザイナーの仕事の一つなのです。

新たな価値観を提示する

インテリアデザイナーはクライアントの定まらない心を導くだけではなく、時にはその価値観に影響を与えることもあります。

ニュージャージー州の小高い高級住宅街にある物件の依頼でした。テキサス州から引越しをされてきたご家族の、戸建て住宅のリフォームの仕事です。

そのご家庭ではお子さんがまだ幼く、育ち盛りのやんちゃな年頃です。

奥さまは当初、「リビングの家具は、手頃な値段のものにしたい。子どもの成長に合わせて買い替えようと思っている」と言っていました。ところが、そのリビングでは、たくさんのお客様をもてなし、大勢が集える場所にしたいとも言います。話を聞いているうちに、要望はさらに膨らんでいきます。「暖炉を綺麗にデザインし直して欲しい。その上にテレビを置きたい」「主人がスポーツを見るから、最高の座り心地のソファを置きたい」「子どもと主人が一緒にゴロゴロできる空間にしたい」と、聞けば聞くほど、条件は増えていくのです。

彼女の要望のひとつひとつは理解できるのですが、その要望を叶えるために、彼女の言うような手頃な価格の家具でレイアウトができるのでしょうか。

ここで問題となるのは、基本的な価値観です。

彼女の考え方は、家具を買い替える前提で、今は一時的な投資をする、ということです。しかし、買い替える前提の手頃な価格では、多くのお客様をもてなすリビングも、ご主人が満足するソファも、ともに望むことができません。さらに、家具を買い替える際には、時間と資金が再び必要になります。古くなった家具は粗大ゴミとなり、環境問題にまで繋がっていきます。まさに、日本で言うところの「安物買いの銭失い」になりかねません。

そこで、私が提案したことは、ソファの素材にしてもデザインにしても、価格よりも子どもたちにとって安全性が高いことを最優先するべきだということです。その上で、子どもたちが汚した場合にも楽にメンテナンスができ、清潔感の保てることも必要になります。質感は柔らかすぎず、硬すぎず、座り心地の良いもので、並び替えることによってベンチシートにもソファにも変化できるような機能性を持ち、しかも耐久性、通気性に優れているもの——。どうせお金を使うのであれば、そんな本物の家具を探し出して購入するべきなのです。もちろん、暖炉の近くに置くために防炎加工を施した素材であることは言うまでもありません。

最終的に、私の提案の全てを聞き入れてくれた結果、彼女の考えの枠を超えたデザインが出来上がりました。見た目だけではなく、子どもたちが本物の家具に触れ、本物の味わいを知れば、きっとものを大切にしてくれるようになります。

この時のプレゼンは、投資をするのであれば、長期間で考えてみたほうがいいというものです。私にしてみると、それまでの彼女の頭にはない選択肢を一つ増やしてあげたい——、そんな思いもありました。

時にクライアントの価値観を変え、方向性を示してあげることも、インテリアデザイナーとしての私の役割です。

住まいの悩みを解決する

インテリアデザイナーの仕事は、住居にまつわる問題解決を求められるケースもあると前に書きましたが、次に紹介するのはそんな実例です。

依頼を受けた物件は、マンハッタンのセントラルパーク側、高級住宅地にあるコンドミニアムです。

クライアントのご夫婦は二人ともニューヨーク出身の台湾系アメリカ人で、ライフステージの変化に伴って、ニュージャージー州郊外にあった一戸建てを売却し、マンハッタンのコンドミニアムを購入されたのです。六つのベッドルームがある大邸宅からワンベッドルームへのサイズダウンの引越しでした。二人の息子さんが巣立ったのをきっかけに、都会での生活を二人でエンジョイしたいという希望があり、マンハッタンでも最高と言われる立地を選んだのです。

依頼の内容はリフォームでしたが、はじめて会った日に、「主人には極度のアレルギーがあるのです」と、奥さまが私に伝えてきました。

実は私自身、極度のアレルギーを持っています。アレルギーがあるか否かは、デザインを進める上で、とても重要なことなのです。

ダニやハウスダストだけでなく、最近では、化学物質に由来するシックハウス症候群といった言葉も広く知られるようになりましたが、インテリアによって、アレルギーを引き起こしてしまうことも、予防することもできるのです。

クライアントの奥さまはご主人のカビアレルギーに悩んでいました。以前ニュージャージー州で大きなハリケーンがあった時に、自宅が床上浸水をしたそうです。損害保険で完全に修理できたと考えていたものの、数年後に床下や壁にカビが生えてきて「カビを原因とする重度のアレルギー性疾患を起こして入退院を繰り返している」と言うのです。さらに、カビアレルギーを発症すると同時に、空気中のさまざまなアレルゲンに敏感になってしまい、特にインテリアに関しては神経質になっているということでした。

本題のインテリアの話もさることながら、まずは心と体のコンディションを聞いていくことになります。彼女は、ご主人のアレルギーの問題を解決しないと引越しすら怖くてできないと言います。

普段の生活をする上で、アレルギーの要因となるものは、花粉、ダニ、ハウスダスト、そしてカビです。私は医者ではありませんが、インテリアデザイナーとしてやれることはいくつかあります。

当然のことではありますが、まず普段の日常生活の中で、原因となるアレルゲンをなくしていく必要があります。クライアントの物件を見渡すと、アレルギーを引き起こす要素がいくつかありました。解決策としては、

・リフォームをする際に水漏れ点検をする
・空調の確認と湿度の管理をする（換気扇と窓の位置、およびサイズを検討する）
・カーテン、ブラインド、カーペット、床材、家具等に使う素材は、全てアレルゲンとなる可能性のあるものは避け、材質を見極めるようにする。ホコリがつきにくく、防カビ、防火、防水性のものを使う
・ホコリの立ちにくい環境作り
・水廻りには壁紙を避ける
・プロに掃除を依頼する

……などなどがありました。

このように、プロとして具体的な問題解決のアドバイスを行いながら、同時に、ア

レルギーに対して神経質になっているクライアントの気持ちに寄り添うことも求められる仕事でした。

機能性を踏まえた上で、美しく、メンテナンスが簡単で、彼らのライフスタイルにあったインテリア空間を作り出すことができました。

間取りの狭さも解決できる

このご夫婦の依頼には、もうひとつ、難しさがありました。最初に書いた通り、大邸宅からコンドミニアムへのダウンサイジングの引越しだったのです。それまで使っていた家具を新しい物件に全て置くことは到底できません。

こうした際に私が必ず聞くことは「全ての家具の写真を撮って送ってください」ということです。写真を見ながら、その家具を新しい部屋で再利用できるかどうかを見極めていきます。色、形、サイズ、デザインのスタイルや状態、そして依頼人の家具への思いなども、あらかじめ聞いておきます。

ここでも「嫌いなものを聞く」「MUSTを聞く」ことが役立ちます。

まず「嫌いなもの」、つまり「必要としていない家具はどれですか」と聞き、全ての家具について、思い入れの程度も確認していきます。思い出のある家具なのか、なぜ手放したくないのか、その家具を持つことで安心感を得ているのか、などなどです。続いて、「MUST」を聞いていきます。また、好きなモノや好きなコトはなにかを明確に把握していきます。こうしてクライアントの趣味嗜好やライフパターンを聞いていくことで、残したほうがいい家具を割り出していきます。予算があれば、新しい物件の間取りに合わせて、家具をリサイズすることも可能です。

ただ、この時はどうしてもスペースが足りず、最終的に行きついたのが、家具の多機能化、という解決策でした。

仕事部屋兼ゲストルームのベッドは、ふだんは壁に収納できるタイプを採用しました。アメリカでは「マーフィーベッド」と呼ばれているものです。この時は、ベッドを収納すると、ソファとテーブルとして使えるタイプのものを選び、スペースを確保しつつ複数の機能をもたせました。また、メインのベッドルームのベッドも、跳ね上げ式を選び、収納スペースを確保しました。

こうして工夫を重ねることで、大幅なダウンサイズの引越しを無事に終えることができました。

落ち着いて本質をみつめる

住宅のインテリアの仕事では、当然のことながらご夫婦がクライアントになるケースが多いのですが、お二人の意見が合わず、目の前で喧嘩が始まってしまうことも時々あります。

ニュージャージー州の街中に住むご夫婦から地下室のデザインを依頼されたときのことです。

200平方メートルある地下室には、3歳と5歳の二人の愛娘のプレイルーム、テレビが置かれたリビングスペース、エクササイズルーム、バスルームとあり、それら全てを改装する仕事です。

打ち合わせの最中、ご夫婦の意見がまとまらず、見事に大喧嘩となりました。

そんな時によく聞かれるのが「サトミはどちらの味方だ?　どちらのアイディアを優先させるためにここにいる?」ということです。そういう時、私は明言することなく、透明人間になったかのように、しばらく二人の言い争いを眺めています。そのうち、少し雰囲気が変わったタイミングを見計らって、笑顔でこう言います。

「私はお二人の意見を尊重して、プロとして的確なアドバイスをいたします。つまり、お二人の味方です」

そして、

「お二人の意見ですと、デザインが少しまとまりづらいため、少し時間をおいて考えさせていただきます」

と答えます。私の中で答えが見つかっていないのに、答えがでているふりはしません。まずは、クライアントの意見を素直に聞き、受け止めることが大切です。

この時、お二人の話を静かに聞いていてわかったのは、ご夫婦が喧嘩をした理由は、双方が今回のプロジェクトに対して情熱を持っている、ということでした。

思い出すのは、以前、別のクライアントと仕事をした時のことです。その際は、奥さまが全くの無関心でした。しかし、私の経験上、最初は無関心なクライアントほど、後になってから不平や不満を訴えてくるケースが少なくありません。その無関心だった奥さまも、あらかた図面ができた後になって、さまざまな要望を出してきました。

一方で、今回のご夫婦の意見の衝突は、お二人のお子さんや自分たちの空間に興味があるからこそ起きていました。つまり、このプロジェクトは、彼らの人生でとても重要だということが感じられたのです。

そこで、

「一晩寝た後、暖かいお茶を飲みながら答えを出してもいいですか」

と、笑顔で持ちかけると、喧嘩をしていたお二人も、思わず笑顔になりました。

そして、

「お二人の喧嘩は、相手のことが気にいらないわけではなく、今回のプロジェクトについてお互いに真剣に考えている証拠だと思います。ですから、お二人の原点は同じなんです」

そう伝えると、二人とも穏やかな表情で深く頷いてくれました。

クライアントのご夫婦が目の前で喧嘩を始める理由はさまざまですが、デザイナーとして大切なことは、その喧嘩の根本にあるものを、的確に見極めることです。クライアントの言葉のみならず、仕草や語り口を静かに観察することで、それぞれの性格や家族同士の関係性までも理解することができるのです。

この時のご夫婦は、それでも最後の最後まで、好きなものと嫌いなものが分かれてしまう場面がありました。そうなってしまった場合には、「私がお二人の要望を整理した上で、プロとしてどちらを選ぶかアドバイスいたします。そして、なぜそちらを選んだのか、必ず理由を説明しますから、納得いくまで質問してください」

と話しました。

その結果、伝統的な要素と現代的な要素、その両方を取り入れた「トラジショナル・モダン」と呼ばれるタイプの空間が出来上がりました。

こういったケースでいちばん大切なのは、目の前の事態に心を奪われるのではなく、常に物事の奥にある本質を見極めようとすること。これは、どんな場面でも大切なことだと思っています。

自己主張する時は論理的に

クライアントに寄り添うことはとても大切ですが、だからと言って常に相手を全面的に受け入れるばかりではありません。自己主張するべき時もあります。ここでいう「自己主張」とは、相手の意見とプロとしての私の見解が食い違った場合に、その考えをどう伝えるか、という意味です。

私がアメリカで仕事を始めた時、最初に戸惑ったのが、この「自己主張をすること」です。日本では謙虚さが美徳とされていて、私にもその考え方が根付いているのですが、日本から離れてみると「謙虚でありたいとはどういうことなのか」を客観的に考えさせられます。

ニューヨークには世界中から集まった人々が生活をしています。英語だけでなく、さまざまな国の言葉も話されています。私のクライアントも実に国際色豊かです。アメリカ人、インド人、中国人、台湾人、韓国人、日本人、ロシア人……。そんな環境では、日本でいう「阿吽の呼吸」を相手に求めるのは、ほとんど不可能です。そのことを実感して以来、私は自分の考えていることを言葉に出して、相手にわかってもらえるように心掛けるようになりました。

ただし、気をつけなければならないのは、自己主張をする前にクライアントのバックグラウンドを知っておく必要があるということです。彼らの文化や習慣を知らずに自己主張をしてしまえば、どんな誤解や、すれ違いを生んでしまうかわかりません。

ここでもまず大事なのは、相手の話を聞くこと。彼らのバックグラウンドを知り、それぞれの文化を尊重することを忘れてはいけません。

その上で、私が自己主張をする際に最も気をつけているのは、論理的に伝える、ということです。

デザイナーである私が自己主張をするタイミングというのは、クライアントとの間に意見の相違があったり、あるいは、彼らが間違った判断を下そうとしている時だったりします。つまり、クライアントの思いや考えとは、相容れない主張をしなければならないことになります。伝え方を間違えれば、感情的な溝が生まれるきっかけにもなりかねません。だからこそ、論理的に伝えられるかどうかが、とても大切になってくるのです。

Aという理由があるからB、Bという選択をするためにC、Cを選ぶのであればD……といった形で、ひとつずつ順番に、論理的に説明をするように意識しています。

そうすることでクライアントも、順を追って理解してくれますし、説明の途中でわからない部分があれば、ひとつずつ疑問を解決していくことができます。

この「自己主張する時は論理的に」という意識は、私にとってはアメリカで働く中で生まれた教訓ではあったのですが、最近、日本で仕事をすることが増える中でも、とても有益だと実感しています。ぜひみなさんも、仕事相手や上司などに自己主張しなければならない場面があった時に、思い出してみてください。

また、普段から、ひとつひとつの物事に対して、自分自身に「ＷＨＹ（なぜ）」という疑問をつきつけて、理由を考える癖をつけておくと、論理的に話せるようになると思っています。

どんな相手にも真摯に向き合う

前に「いい仕事には、いい相手が必要」と書きましたが、依頼を受けてはじめて仕事が始まるインテリアデザイナーという仕事上、必ずしも常にフィーリングの合うクライアントばかりとは限りません。

ニュージャージー州の閑静な田舎町、6億円の豪邸に住んでいるクライアントから、屋根裏部屋のリノベーションの依頼がありました。

「今の自分にご褒美を与えたくて、自分を映し出す空間が欲しいの」

依頼人である奥さまの職業はライター。ご主人は某スポーツチームの専属医師で、ご自身も開業医をされています。ご主人の趣味は、高級自動車やアンティークカーのコレクション。その豪華さには息を呑みました。

奥さまは、とても気難しく、好きなこと、嫌いなことを面と向かってストレートに伝えてきます。私がデザインをスタートする前から、「自分が思い描く屋根裏部屋のイメージがある」と言うのです。

屋根裏部屋には小さなバスルームを作る。床には白い大理石が使われていてトイレが二つ。収納がたくさんあって、鏡は大きく、洗面台は二人用。それに、置き型のバスタブ（いわゆる猫脚バスタブ）が欲しい、というのです。

白い大理石は世界中の多くの人に愛されている石材です。ニューヨークの高級レストランやホテルでも、テーブルやバーカウンターなどで多用されています。奥さまは、その石材を使ったバスルームを要望しているわけですが、私が最初に指摘したことは、大理石という素材自体の特性と注意点です。

大理石は水分の吸収性が良いため、たとえばテーブルなどに用いた場合、すぐに拭かないとワインやピザなどの色素をそのまま吸収してしまいます。濡れたまま放置すると、カビやこけが生えて、色が変色します。そのため、キッチンやバスルームには適しません。また、とても柔らかい石材なので、ブラシなどで傷もつきやすい。加えて、酸性やアルカリ性にも弱い素材なので、掃除をする際などにも取り扱いには注意が必要です。

そういった全ての要素を説明した上で、「この素材をバスルームに使うのは長い目で考えて、また投資という意味でもおすすめできない」と丁寧に伝えました。けれど、彼女は、同じニュージャージー州のたくさんの家でも使われている石材だから、どうしても使用したい、というのです。私は「自分がおすすめできない素材でデザインをするのは無理だ」と検討し直すように伝えました。

すると、その2週間後、彼女は私に相談なしで直接、工務店から大理石を購入してバスルームの床に設置したのです。私自身は、この仕事から降りたわけではないのですが、彼女はデザイナーとしての私の意見を受け入れず、断固として自分のこだわりを通し抜いたのです。

ところが、屋根裏部屋のリノベーションが終了して5ヶ月後、突然、彼女から電話がありました。

彼女が言うには、大理石の色が変色してきたため、タイルに変更したい。工務店に相談したものの、彼女の意志で設置したものだし、スケジュール的にも埋まっているから……と対応してもらえない。どうしたらいいか、アドバイスがほしい、というのです。彼女はその時になってはじめて、自分のミスに気がついたのです。

その話を聞いた時、私自身も反省しました。こうなるであろうことを予見して、伝えておいたのに、彼女の意見を変えるだけの説得力をもてなかったからです。そして、彼女が私の忠告を聞き入れてくれなかった根本の理由は、お互いの間に信頼関係を結べていなかったからなのだと気づきました。

私のアドバイスの下、修繕工事をすることになった際、彼女は、ふとこんなことを呟きました。

「私たち夫婦は、何もない状態からのスタートだったの」

ご夫婦は結婚当初、ニューヨークの貧しい人たちが住む地域にしか家をもてなかったといいます。「でも、努力を惜しまなかったから、今の地位があるの」と話してくれました。

金銭的にも恵まれて、豪邸で生活をしている現在の姿をみると、つい何不自由なく育って来たのではないかと思ってしまいがちですが、必ずしもそうではないのだと気づかされました。

一方で、いつも気難しい彼女が、なぜ急にこんな話をする気になったのだろう……と、不思議に感じてもいました。

すると彼女が、こういったのです。

「真っ直ぐに向き合って本気で仕事をしていると、人は胸を打たれ、心を開いて打ち解けてくれるものよ」

そこには、彼女のミスを受け入れた上で、一生懸命に仕事に取り組む私の姿勢があったから、こんな話をする気になったというのです。そして「見ている人は見ているから」と。

彼女の遠慮のない言葉や態度に対しても、工務店や業者とのやり取りの際にも、私が嫌な顔をせずに向き合っている姿を見て、必死に働いていた自分自身の若い頃の姿を久しぶりに思い出したというのです。

そう言われた瞬間、なかなか思うようにいかなかったこのプロジェクトに対して、少し気持ちが楽になるのを感じました。もっとも、翌日から再び彼女のわがままぶりは復活したのですが……。

けれど、彼女の言う通り、自分の仕事に対する姿勢は間違っていなかったのだと、再認識させてもらえる経験になりました。困難な状況でも、向き合うことの大切さ、そして、結果が良くても、悪くても全てが学ぶ機会だと感じたのです。

クレーム対処の時こそ冷静に

インテリアデザイナーとして働いていく上では、デザインができればいいだけではありません。家具ひとつをとっても、デザインした商品がクライアントの手元に届くまで、気を抜くことができません。時には、クレーム処理にも対応しなければならなくなります。

ある日、ニュージャージー州のクライアントから「リフォームの工事がほぼ終了し、素敵な仕上がりになってきました。本当にありがとうございました」と、嬉しい連絡がありました。話を聞くと、あとは特注でデザインしたダイニングテーブルが届くのを待つのみだといいます。

その翌日、2ヶ月かけて製作されたダイニングテーブルがクライアントの元に届きました。ところが、目立つ場所に大きな傷がついていたとのこと。メーカー側に確認をとっても、当然、発送前には、傷ひとつない状態だったと言います。

実はアメリカでは発注後や配送中のトラブルが非常に多いのです。家具や照明、ラグといった間違えようもないと思える大きなものでも、発注したものとまったく違う商品が届くこともあります。ある時には、注文したタイルの3割近くが壊れていたこともありました。

私の元に電話をかけてきたクライアントは感情的になっています。2ヶ月間、楽しみに待っていたのに、大きな傷がついた状態で届けられたわけですから怒るのも当然です。特注の家具のため、代わりのテーブルを送ってもらうこともできません。前日の「ありがとう」という電話から一転、声のトーンがまったく違います。

この時の契約では、私の仕事はデザインするところまでですから、配送トラブルの対処は、私のサービスの範囲ではありません。それでも、インテリアデザイナーとして、私から配送会社に連絡して、なぜこのようなことになったのか、事情を確認することになりました。

こんな時、どのようにクライアントの対応をすれば良いのでしょうか。

まずはいつもと同じようにクライアントの話をじっくりと聞きます。相手が言いたいことを話し終えてから、必要であれば、私自身が自宅に伺って、製品の状態を確認することを伝えます。途中、クライアントの声のトーンがどのように変わっても常に冷静でいることを忘れてはいけません。相手が感情的な時ほど、静かに受け止めるよう心がけます。怒っている相手に対して、感情的に物事を伝えることはタブーです。

ここで大切なのは、私自身が何ができるのかを伝えることよりも、「あなたは何をご希望ですか」とクライアント自身に要望を決めてもらうことです。もちろん、クライアントの参考になるように、「通常、このような時はこういった対策をとるケースが多いです」と、これまでの経験を元に具体的なアドバイスを行います。ただし、マニュアルを読むように伝えるのではなく、「このような選択肢がありますが、私ならこうします。いかがでしょうか」と、私自身の考えとともに伝えるのです。クライアントが安心できるように、デザイナー側もクライアントと同じ立場でいることを伝えます。

このケースのように第三者が引き起こしたミスであっても、業者やスタッフなど、ミスを起こした当事者の批判や陰口は言わないようにします。起きてしまったミスについてクライアントと一緒になって非難しても、事態は何も変わりません。クライアントに対しても、最善の解決策を考えることがベストであることを伝えます。

忘れてはいけないのは、「あなたのために、私に何ができますか？」というスタンスです。

そして、電話の最後には「クレームの電話をしてくれて、ありがとう」と伝えます。もちろん、相手はまだ感情的なケースがほとんどですが、最後にこちらから、「ありがとう」と感謝の思いを伝えることで、相手もいくらかスッキリとして電話を終えられるケースが多いです。

この時のケースは、その後の対応も大変でした。最初に傷がついた部分の写真を送ってもらいましたが、クライアントの希望で自宅に伺うことになり、状態を確認すると、「ヘアライン・スクラッチ」と言って、髪の毛のような細い筋状の傷が天板についていました。色の濃いテーブルだったため、目立っていました。

この時の選択肢としては、大きく分けて三つありました。「①自宅で修理を行う」

「②返品して工房で修理を行う」「③工房で一から新しいものを作り直す」。

このケースは自宅での修理で十分、直る傷でしたし、再び輸送を行うとまた傷がついてしまうリスクもあるため、①で落ち着けば良かったのですが、完璧主義のクライアントだったこともあり、③の「一から作り直し」となりました。

輸送費については、配送会社の保険で対応できましたが、問題となるのは作り直しの費用です。私からメーカー側に事情を説明し、交渉して、最終的に無償で引き受けてもらうことができました。

このケースは、作り直しというういちばん大変な対応になりましたが、最初にお伝えした通り、大切なのは、冷静にクライアントの話を聞くこと。どんな時でも相手の立場になって冷静に聞くことからすべてが始まるのです。

「白」色は十人十色

ある時、「真っ白な雪景色を想像できるような壁紙を探して欲しい」という依頼を受けました。

雪景色のような白い壁紙——、あなたが想像する雪景色とはどのような色でしょうか。

ここでも、思い込みや先入観は禁物です。自分勝手なイメージで「雪景色」を判断せずに、自分の持つ知識と照合しながら、相手が何を欲しいのかをじっくりと聞きだすことが重要になります。

この時も、時間をかけてクライアントの話を聞くうちに、彼女の中の「真っ白な雪景色」は、私が想像するピュアなホワイトとは全く違うことがわかりました。

たしかに、実際の雪景色は必ずしも白銀や純白色の世界ではありません。彼女がイメージする雪景色というのは、優しく、少し温かみのある白色でした。さらに話を聞くと、彼女は以前、ニューヨークのメトロポリタン美術館でモネの作品を鑑賞して感動したそうです。それ以来、モネがその作品に描いた白色を、自分のマスターベッドルームの壁の色にすると決めていたというのです。

私は彼女からその話を聞くと、すぐに色のサンプル帳をもって、メトロポリタン美術館に行きました。

実は白色はバリエーションが多く、デザイナーにとって最も選択するのが難しい色でもあるのです。白色は灰色や黒色と同じ無彩色です。室内で同じ白の壁紙を使っても、光の反射や角度によって見え方が変わってきます。当然、白色は最も明るい色ですから、暗い部屋の雰囲気を一瞬にして変化させます。部屋の装飾や時間帯によっても色が変化し、その人の価値観や感性、また感情や体調によっても、大きく変化する色なのです。

最終的に、モネの描いた白色を基準にして、部屋の雰囲気にあう壁紙をいくつか用意し、その中から彼女に選んでもらいました。彼女とは、モネの作品の魅力について話すことでコミュニケーションが深まりましたし、何より、私自身が実際に美術館に足を運んだ上で用意した壁紙だったからこそ、彼女も信頼して選んでくれたのだと思います。

壁紙一枚でそこまでするのか……と思われる方もいらっしゃるかもしれません。けれど、私にとっては、決して欠かせないプロセスでした。常日頃からコミュニケーションを重視し、クライアントのことをとことん知ろうとしたからこそ、彼女に満足してもらえたと思っています。

chapter 8

my journey :
kitakyushu to new york

第8章

仕事への姿勢は
こうして生まれた

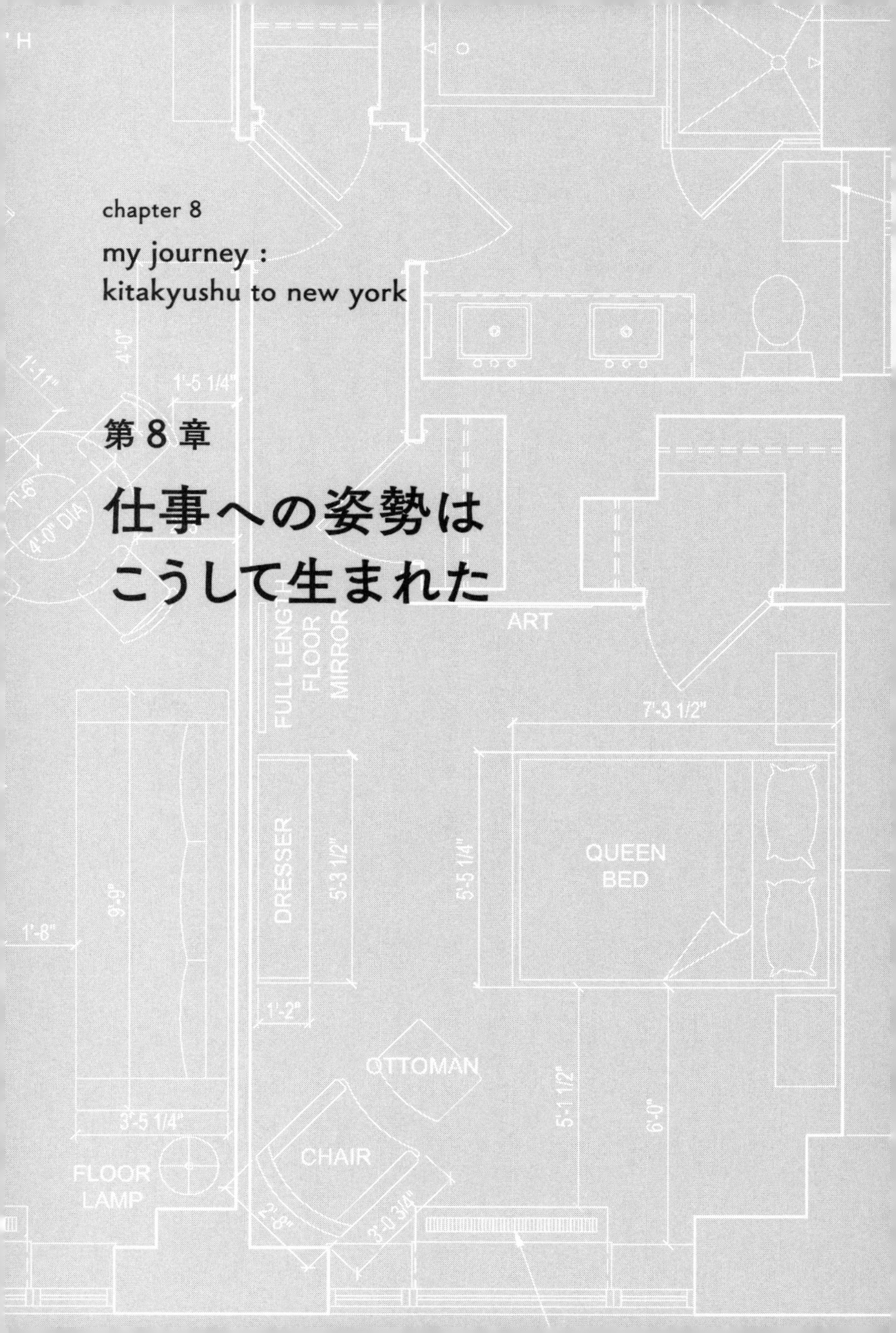

すべてが「普通」だった中学・高校時代

今でこそ、アメリカで働いている私ですが、そもそもアメリカに渡ったのは、インテリアデザイナーになるためではありませんでした。

私は北九州で生まれ、自然に囲まれた環境で子ども時代を過ごしました。「アメリカで仕事をしている」というと、「子どもの頃から外国に興味があったのですか？」とか「優秀だったんですね」と言われることもあるのですが、そんなことはまったくありません。小学校のクラスの中でも本当に目立たない、ごく普通の女の子でした。

「何が得意なの？」と聞かれても、答えられるものがありません。勉強ができるとか、スポーツができるとか、音楽ができるとか、そういったものが自分には何もありませんでした。中学・高校くらいになると、そんなすべてが「普通」な自分を自覚して劣等感の塊になっていました。

転機が訪れたのは19歳の時。浪人時代のことでした。

それ以前から、私の中には「誰かの役に立ちたい」という気持ちがあったのだと思います。高校時代の私は医療系の学部を目指していました。しかし、高校3年生の時に受験に失敗。私にとって、人生ではじめての大きな挫折でした。

自分の存在意義とは何かを考え続けていた浪人中のある日、予備校の英語講師の話に惹きつけられました。何気ない雑談だったのですが、その先生の話を聞いて、はじめて海外という広い世界があることに気づいたのです。

北九州で生まれ育った私にとって海外とは、音楽や映画、絵画の世界の中だけのもので、現実的に意識したことはありませんでした。けれど、その時の先生の雑談が、まだ行ったこともない外国への憧れを私の心から引き出したのです。

一方で、いまになって思えば「日本から逃げたい」という思いも、心のどこかにあったのだと思います。受験に落ちたショックを引きずっていた私は、日本という国のシステムに拒絶されたようにも感じていました。「日本が受け入れてくれないなら、海外に行きたい。新しい自分を見つけたい」と思ったのです。

幼いころから海外に憧れていたわけでも、特別な英語教育を受けていたわけでもありません。何か深い考えや目標があったわけでもないのですが、当時の私にとっては、突然巡ってきたチャンス、いまの言葉でいうとセレンディピティ（偶然をきっかけに幸運をつかむこと）のように感じたのです。

浪人していなかったら、海外に渡ることもなかったと思います。失意に暮れた大学受験の失敗が、私を新たなチャンスへと導いてくれたのです。

私の父は、大手メーカーの下請け工場を経営していました。ちょうどその頃は景気も良かったのだと思います。父は、

「自分が選んだ道。自分を信じて行ってらっしゃい。失敗を恐れずに」

と背中を押して、送り出してくれました。

直感を信じてアメリカに

当時、1980年代後半から90年代前半は日本全体の景気も良く、アメリカをはじめとした英語圏への語学留学は一種のブームになっていました。けれど、海外に行っても日本人同士で過ごしてしまい、帰国しても英語を話せない人も多い時代でした。

私は、そうはなりたくない、留学するのならば、必ず何かを学んで帰ってきたいと

思いました。そう考えたのは、受験での挫折経験も大きかったと思います。

そこで私は語学留学生としてではなく、日本でTOEFLを受験して、2年制の短期大学に入学しました。

英語をまったく話すことのできない状態で、自分の直感だけを信じてのアメリカ行きです。荷物はスーツケースひとつ。中には、電子書籍が当たり前の今となっては信じられないくらい大判サイズの分厚い辞書が入っていました。

向かった先はアメリカ中西部にあるミネソタ州。生徒が800人ほどの小さなテクニカル・カレッジです。それまで日本人が一人も留学をしたことのない田舎町にありました。

2年間という短い時間を有意義に過ごすためには、本場のネイティブとの会話に勝るものはないと考え、あえて日本人がいない学校を探したのです。

そうは言うものの、言葉と文化の違いという大きな壁にぶつかりました。寮のルームメイトと意思疎通するのはもちろん、挨拶さえ通じないところからのスタートでした。

当然、教壇に立つ教授の言葉がわかるはずもありません。大学生活で基本となる授業のノートも取れないとわかった時、自分にできることは何だろうかと必死に考えました。

その高い壁を乗り越えるために私が導き出したのが、ひたすら相手の話を聞く、ということでした。

まずは、ルームメイトやクラスメイトの話す言葉を懸命に聞きました。なかなか聞き取れない教授の言葉も、「今日はひとつの単語でも理解できたから実りの日」と、いつも呪文をかけるように言い聞かせていました。無理にでも達成感があると自分に思い込ませないと、やっていけないような精神状態だったのです。

授業中は、ポケットサイズのカセットレコーダーを机の上に置き、教授の話をすべて録音して、寮の部屋に戻った後にすべての文章を丸暗記しました。

こうした生活の中で、いまにつながる「とことん聞く」という習慣が生まれたのです。

また、言葉が分からないからこそ、言葉以外のさまざまな情報にも敏感になりました。相手の話し方や表情、ちょっとした仕草や視線の動かし方、そういったすべてのものから、少しでも相手の思いをくみ取ろうと意識し続けることになりました。このことも、現在の私の観察力を養っていたような気がします。

インテリアデザインとの出会い

この短期大学時代、リベラルアーツ学部で美術を学んでいた時のことです。ヨーロッパの歴史と地理を学ぶために、大学主催のサマースクールでチェコを訪れました。80年代末のチェコは、まだ社会主義からの変革期で、日用品ひとつを買うのにも行列をするような状況でした。旧体制の様子が色濃く残る街を目の当たりにして、まったく別の社会に来たような強烈なカルチャーショックを受けました。

その授業の一環で、歴史的な建築物をいくつか訪ねた時のことです。建物の内部のたたずまいが醸し出すコミュニケーション力に鳥肌が立つくらいの衝撃を受けたのです。もちろん、東欧ならではの建物の外観にもインパクトを受けました。けれど、私の場合は、建物の中に入れば入るほど、楽しさが増しました。ひとつひとつの部屋ごとに雰囲気が違っていて、それぞれに、作られた当時の文化や歴史が感じられました。カーテンや家具、調度品、それぞれの色。そこかしこに、その当時、暮らしていた人の生活が感じられます。そのこだわり抜かれた空間に心を奪われ、言葉を失いました。いま思えば、この時がインテリアデザインに魅せられた最初の瞬間だったのかもしれません。

その後、私は4年制の大学に入りたいと思うようになりました。そんな時に、美術の教授からインテリアデザイナーという仕事を教えられたのです。

「サトミ、あなたは医薬系に進みたいと言っているけれど、もしかしたら、美術の世界にいったら芽が出るかもしれない」とその教授に言われました。「グラフィックデザインという分野もあるのよ」と。

当時、まだコンピューターが使われ始めたばかりで、グラフィックデザインといっても本や雑誌のデザインくらいしかイメージがわきませんでした。それもあって、当初は「グラフィックデザインでは食べていけないんじゃないか」と思っていたのですが、「インテリアデザインという仕事がある。室内空間のデコレーションをする仕事だ」とその教授は言うのです。それを聞いた時、言葉に苦手意識があった私にとって、ビジュアルで勝負できるデザインという分野は、とても魅力的に映りました。同時に、チェコでの経験も頭に浮かびました。

その教授に「これからの時代は、室内のデコレーションにおいても、技術的な知識が大切になる」とアドバイスされたことと、これからはコンピューターの時代と言われていたこともあり、アイオワ州立（工科）大学に進んで、インテリアデザインを学ぶことに決めました。

二度目の挫折とデザイナーへの第一歩

アイオワ州立大学では、4年間インテリアデザインを学びました。

ご存知の通り、アメリカの大学は単位を取るのが大変で、学生はよく勉強をします。私も必死で勉強をしました。

なぜそれほど勉強をがんばれたかというと、ひとつには受験で挫折した経験がありました。大学受験で失敗した理由は、単純に私が勉強をしていなかったから。同じ間違いを繰り返してはいけないという思いが強くあったのです。

もうひとつは、父が働いている様子を、子どもの頃から間近で見ていたことも大きかったと思います。父にお金を払ってもらっているのだから怠けてはいけない、がんばらなくては、という思いがありました。

最終的に、アイオワ州立大学の芸術学部インテリアデザイン学科を首席で卒業することができました。

そして1995年、シアトルの建築会社に就職し、インテリアデザイナーとしてのキャリアをスタートすることになるのですが、実は当初、私は大学を卒業後、日本に戻るつもりでいました。学生時代には、大手ハウスメーカーの北九州営業所で、夏の間インターンとして3ヶ月お世話にもなっていました。

就職活動もアメリカと日本で同時にスタートしていました。

アメリカで就職活動をする際は、希望する職種を募集している会社を探して、レジュメ（履歴書）とポートフォリオ（作品集）、志望動機などを書いたカバーレターを送ることになります。全米には数え切れないほどの建築会社やデザインスタジオが存在しますが、数をたくさん送るだけでは就職はできません。

アメリカでは、学部に関係なく、できるだけ積極的に自分をアピールするレジュメを作成しておくことが大切です。日本のレジュメとの違いは、ただ送っただけでは相手は読んでくれないということです。ここでもプレゼンテーションの力が問われます。

レジュメには規定のフォームがないため、採用担当者に目をとめてもらえるように工夫して作成し、自分の能力をアピールしていきます。そして、返事が来てから初めて、電話もしくはオフィスに出向いてインタビュー（面接）を受けることになるのです。

一方、日本では、東京、大阪、福岡で、大手ハウスメーカーや工務店、そして建築会社を訪ねました。けれど、ほとんど門前払いにされてしまったのです。

その理由の一つ目は、日本の大学教育を受けていないということでした。いくら首席で卒業したと言っても、アメリカの州立大学で取得した学位というものは、当時の日本ではまったく価値を認めてもらえないものでした。

二つ目の理由は、インテリアデザインという職業が日本で定着していないということでした。当時、工務店や建築会社にはインテリアに特化した意匠部（デザイン部）というもの自体がない時代だったのです。

理由の三つ目は、私の年齢でした。日本で浪人し、アメリカに渡って短期大学で2年。その後、4年制の大学に入り直したため、年齢的に高すぎると言われたのです。

そういった理由で、どの会社にもあっさりと断られてしまいました。

私にとっては、大学受験に続いて、二度目の大きな挫折でした。

アメリカで必死に勉強して学位を手に入れても、日本ではただの紙切れでしかない……。その事実は、本当に悔しく、悲しいことでした。受験で失敗した時にも日本のシステムに拒まれたように感じていましたが、この時、再び日本という国に拒絶されたように感じました。

同時に、この就職活動の時に日本で感じた疎外感や違和感は、私にとって大きな「カルチャーショック」ともいえるものでした。学歴や年齢や性別といったスペックで判断されて、一人の人間として見てもらえていないと感じました。

一方で、もし今、このまま自分の力を試さずにインテリアデザイナーの道を歩まなかったら、これまでアメリカで学んできたことを後悔してしまう、と思い直しました。そうして、心を新たに、アメリカに戻りました。

気を取り直して就職活動を行い、数週間後、シアトルにある第一志望の大手建築会社からオファー（内定）をいただくことができました。

その時に感じたのは、私が自分の力を試すのは、母国日本ではなくアメリカなのだということです。インテリアデザイナーとしての道が開け、未来に希望の光が射したのです。

結婚、転居、独立。デザイナーとしての喜び

シアトルの大手建築会社での仕事は、インテリアデザイナーとしての喜びを感じられるものでした。

最初は上司にあたるデザイナーのアシスタントとして仕事をするのですが、例えば、自分が選んで提案した家具が採用されると、実際にその空間に置かれることになります。私自身が調べて、悩んで、提案したものが、最終的に形として残る。そのことは、とても達成感のある喜びでした。けれど、いまになって思えば、それはインテリアデザイナーとしての喜びの、あるひとつの側面にすぎなかったとも言えます。

その後、私が出会い、結婚した男性は、ロッキー山脈の麓、コロラド州出身のアメリカ人でした。彼の仕事の関係でカリフォルニア州に転居することになった時、私は彼と一緒に行くことを選びました。けれど、インテリアデザイナーの仕事もあきらめたくない。そこで、フリーのデザイナーとして独立することにしました。

配偶者の転勤は、決して私自身が望んだことではありません。しかし、こうして独

立したことで、私はインテリアデザイナーとしての最も大きな喜びを知ることが出来たのです。

その後、さらにコロラド州に転居しました。そこでは建築会社時代に商業デザインを担当していたこともあり、レストランや店舗などのデザインを依頼されました。けれど、ある時、店舗のデザインを気に入ってくれた飲食店のオーナーが、知り合いの政治家を紹介してくれました。その政治家の依頼で、はじめて、私一人で住宅のインテリアデザインを担当したのです。

その仕事を終えた時、彼に「サトミと仕事をしてよかった。今までのデザイナーが気づかないことをあなたは気づいてくれた。あなたは私たちに寄り添って仕事をしてくれた」と言われました。自分の仕事が、誰かの生活を、人生を、豊かにすることができたのです。

それ以前、最初にシアトルの建築会社で働き始めた頃は、前にも書いた通り、自分の提案が「形として残ること」に喜びを見出していました。もちろんそれは、デザイナーとしての大きな喜びであることは間違いありません。しかし、私にとって、それよりも大きな喜びは、目の前のクライアントに喜んでもらえること、そして、彼らクライアントの暮らしや人生を豊かにするお手伝いをすることなのだと実感しました。

もちろん、駆け出しの頃の喜びの中にも、今に通じるものがあります。それは、クライアントに限らずとも「誰かの役に立っている」と思えることです。

上司にあたるデザイナーに自分のデザイン案を提出すると、良い時は良い、悪い時は悪い、と言われます。「もう一度、やり直してみなさい」と言われた時は、もちろん悔しい思いをしますが、もう一度、考え抜いて提案する。そうして受け入れてもらった時の喜びというのは、自分の提案が認められたことだけでなく、自分自身が誰かの役に立てたという気持ちも大きかったような気がします。それは、自分自身の価値を認めてもらえたと感じられる瞬間だったのかもしれません。

転機は好機

インテリアデザイナーとして独立した後も、主人の仕事の関係で、転居を繰り返すことになりました。そんなたび重なる引越しの中で学んだことがありました。

一つ目は、意識をして計画的に「とにかく行動をすること」です。

引越しが嫌だと嘆いていても、そこには不満という負の要素しか生まれません。もしくは、流れに身を任せるというスタンスでは、良いチャンスも目の前には訪れません。出会いや縁というものは、求めている時にはなかなか訪れず、案外無意識の時に訪れます。常日頃から、柔軟に対応ができるように自分から環境を整えておくことを心がけるようにしました。

二つ目は、この引越しという予期せぬ出来事の連続によって、強制的に何度も「自分の環境作り」を強いられたことで、どのような状況でも臨機応変に適応していくということ、試行錯誤していくということを四苦八苦しながら学びました。

三つ目は、暮らしの変化に対応した整理整頓、片付け方法や収納術を独自の方法で学んでいくきっかけとなりました。

今になってみると、このヤドカリのような転居生活によって、自分が「インテリアが好きであること」に改めて気づきました。そして、当時の生活から得た経験が、現在のデザインやビジネスに活かされています。

子育てから学んだ「聞くこと」の大切さ

引越しを繰り返した時期に、私は二人の息子にも恵まれました。その経験も、私という人間を大きく成長させてくれました。

アメリカで子育てをしていて感じるのは、子どもに対してフェアであることです。現在はそれほどではないと思いますが、私が子どもの頃の日本では、「お兄ちゃんなのだから」とか、「女の子なのだから」と言われたり、「子どもが口を出すべき話じゃない」と言われてしまうようなところがありましたが、アメリカではそういった形で子どもを扱いません。子どもであっても、常に一人の人間として接しています。そんな社会の中で、改めて一人一人と向き合うことの大切さを学びました。

また、子育てをしている方ならみなさん、感じられていることだと思うのですが、子どもというのは、とにかく大人の思い通りになりません。大人が急いでいる時に限ってグズグズしたり、急にわがままを言い出したりしてきます。そんな風に自分の思い通りにいかない子どもたちと向き合う日々の中で、ある時、住宅デザインにおけるクライアントの存在と、とても似ていると感じたのです。つまり、子どももクライアントも、私がコントロールしようとしても無理なのです。そもそも、子どもやクライアントに限らず、誰か自分以外の他人をコントロールしようと思うこと自体が間違っている、ということに改めて気づかされました。私にできることは、相手とどう向き合うか、その自分のスタンスを決めることだけだと気づいたのです。それが、相手の気持ちや要望に耳を澄ませて、とことん聞く、という私のスタイルにつながっている気がします。

立ち塞がる壁こそが自分の個性

言葉の壁や文化の壁。ニューヨークのような多文化・異文化の中で仕事をするには、いくつもの「壁」があります。

特に言葉の壁は大きなものがあります。留学をした当初、英語が全く話せなかった頃に、アメリカ人から「無視」をされたような錯覚に陥ったことが何度もありました。後から考えると、その理由は全て自分自身にありました。

一つ目の理由は、言葉が話せないから、あえて自分で相手との壁を作ったこと。

二つ目は、言葉を話せないことを言い訳にして、何も行動しなかったことです。

時間が経ってから気がついたのは、「言葉の壁」は、決して「表現の壁」ではなかったということです。

学生時代に感動した建築やデザインには、言葉を超えたコミュニケーションの力がありました。だからこそ、自分はデザイナーというクリエイターになったのです。重要なのは、今の自分に何ができるかということです。できないことを言い訳にせず、堂々とできることを実践すればいいのです。

言葉の壁に苦しんでいた学生時代、ある時から、相手の話を「とことん聞いてみよう」と思うようになりました。わからずとも笑顔で相手の話を聞くことを心がけました。

自分の前に立ち塞がる大きな壁を乗り越える一つの解決法があります。それは「この壁こそが自分の個性だ」と考えることです。

私はアメリカで30年以上生活をしているのに、いまだに日本語アクセントが消えません。英語も下手です。これが私の個性です。もちろん、仕事をする上では、言葉の壁をなくす努力は惜しまずに、自分磨きをすることが大切です。けれど、この孤独で苦しい体験から、今の「聞く力」を重視した仕事のスタイルが生まれました。

インテリアデザイナーの役割は、空間を、使う人たちのために豊かにすることです。そこにはセンスだけがあればいいわけではありません。自分の持っている技術やセンスから生まれたデザインを的確に相手に伝えることも必要です。そして、それよりももっと重要なのは、どこまで細かい部分に気を配れるかです。つまり、相手を惹き寄せ、対話し、そして「この人なら本気で暮らしの話をしたい」と感じてもらえる人に、どうしたらなれるかということです。それには、相手をよく知ること。「言葉の壁」を克服するために生まれた「とことん聞く力」が私のデザイナーとしての強みになりました。

後悔したくないという思い

なぜそんなにがんばれたのかと聞かれることがあるのですが、ひとつには、私の中に「後悔したくない」という思いがあったような気がします。

まだ北九州に住んでいた中学3年生か高校1年生くらいの時のことです。

私がバス停で並んで待っていると、盲目の男性が来て、「何番のバスが来ていますか？」と言いました。バス停には、私以外にも何人か並んでいました。けれど、私自身も含めて、誰もその男性の問いかけに答えませんでした。

いま思えば、「助ける」というほど大げさなことではなく、ただひと言、バスの番号を伝えれば良いだけだったのですが、周囲の人たちも勇気がないのか、恥ずかしいのか、その男性の問いかけに何も答えませんでした。

ちょうどその時に、私が乗るバスが来ました。

「15番のバスが来ていますよ」とその人に声をかけてから乗ればよかったのですが、当時の私にはその勇気がありませんでした。バスに乗った後も、車内からその人が困っている様子を見ていました。その男性は、「いま何番のバスが来ていますか？」と、言い続けていました。

私はそれ以来、その時の光景がずっと忘れられずにいました。ひと言、伝えてあげるだけで良かったのに、どうして私はほんの少しの勇気を出すことができなかったんだろう、と。

その時のことを思い出すたび、もう二度と、同じような後悔をしたくない、と思うようになりました。もし次にそういう場面にあったら、ちゃんと声を発することができる自分になりたい、と。

この「後悔したくない」という思いは、アメリカでインテリアデザイナーになると決めた時も、デザイナーとして働き始めた後も、現在も変わらず持ち続けているように思います。行動に移さずに後悔するよりも、自分の判断で行動して間違えた方が後悔しない。この考え方は、私の大きな行動指針のひとつになっています。

自信がなくても、考え抜くこと

講演などをしていると、若い人から、「自分に自信がないのですが……」という相談を受けることが時々あります。

私自身、最初に建築会社に就職してデザイナーになったばかりの頃は、まったく自信がありませんでした。なにかひとつ提案するのでも、拒絶されるのが怖くて、なかなか伝えられませんでした。ところが、ある時、自分の提案した椅子が採用され、実際に置かれることが決まりました。その時はじめて、「私もデザイナーになっていいんだ」「私もデザイナーになったんだ」と思えました。

時々、若手のデザイナーに「自分に自信がない」と相談されると、私は「自分に自信がなくてもいい。でも、自分のデザインを信じなさい」と伝えます。

キャリアや経験が浅い時、自分に自信がないのは当たり前だし、自信がなくてもいい。でも、自分のやってきたことは信じなさい、と。その上で、なぜこのデザインが生まれたのかを、きちんと説明してみなさい、と伝えます。なぜなら、いい加減な仕事をしていると、説明すらできないからです。逆に言えば、自分でとことん考え抜いてさえいれば、クライアントや上司にきちんと説明ができるはずなのです。

そして、もしそのデザインが、上司やクライアントに受け入れられなかった時は、それがなぜなのかを考えてみてほしい。予算の問題なのか、好みの問題なのか、あるいは、説明が足りていないのか。そこには、何かしら、受け入れられなかった理由があるはずです。

仮に予算がオーバーしていたとしても、好みが違っていたとしても、なぜそのデザインを提案したのか自分の中で把握して、きちんとその理由を説明できれば、納得してくれるクライアントもいます。

たとえば、私のクライアントで、「壁紙は嫌い」という人がいました。どうして壁紙が嫌いなのか聞いてみると、「60年代の古めかしい感じがする」といいます。けれど、いまの壁紙はデザインもモダンになっていますし、機能的にも優れています。そのことを丁寧に説明すると、「壁紙は好きじゃないけど、検討してみてもいいよ」と言ってくれました。

また、ある時、学生さんに「感性で決めたデザインはどう説明するんですか？」と聞かれました。仮にある場所を赤にしようと直感的に決めた場合、理由を説明できないのではないか、と。たしかに、デザインというのは、感性の部分もあります。

それでも私は、「その感性の部分も説明しなさい」と答えました。なぜあなたが、その部分を赤にしたのか。赤じゃなくてもいいところを赤にした、その理由を説明しなさい、と。

もちろん、感性で決めたことですから、説明できない部分もあると思います。でも、そう決めるにいたった理由は何かあるはずです。どうしてそういう結論になったのか、自分の中で言葉にできるまで考え抜いてみる必要があるのです。

とりわけ、富裕層のクライアントほど、「なぜこのデザインになったのか」という説明を求めてきます。その説明に納得して、はじめて、仕事を任せてくれるのです。自信のあるなしよりも、まずは徹底的に考え抜くこと。言葉にする努力を怠らないこと。その積み重ねの先に、いつしか身についているのが自信ではないかと思っています。

chapter 9

interiors for life

第９章

インテリアとは、生きること

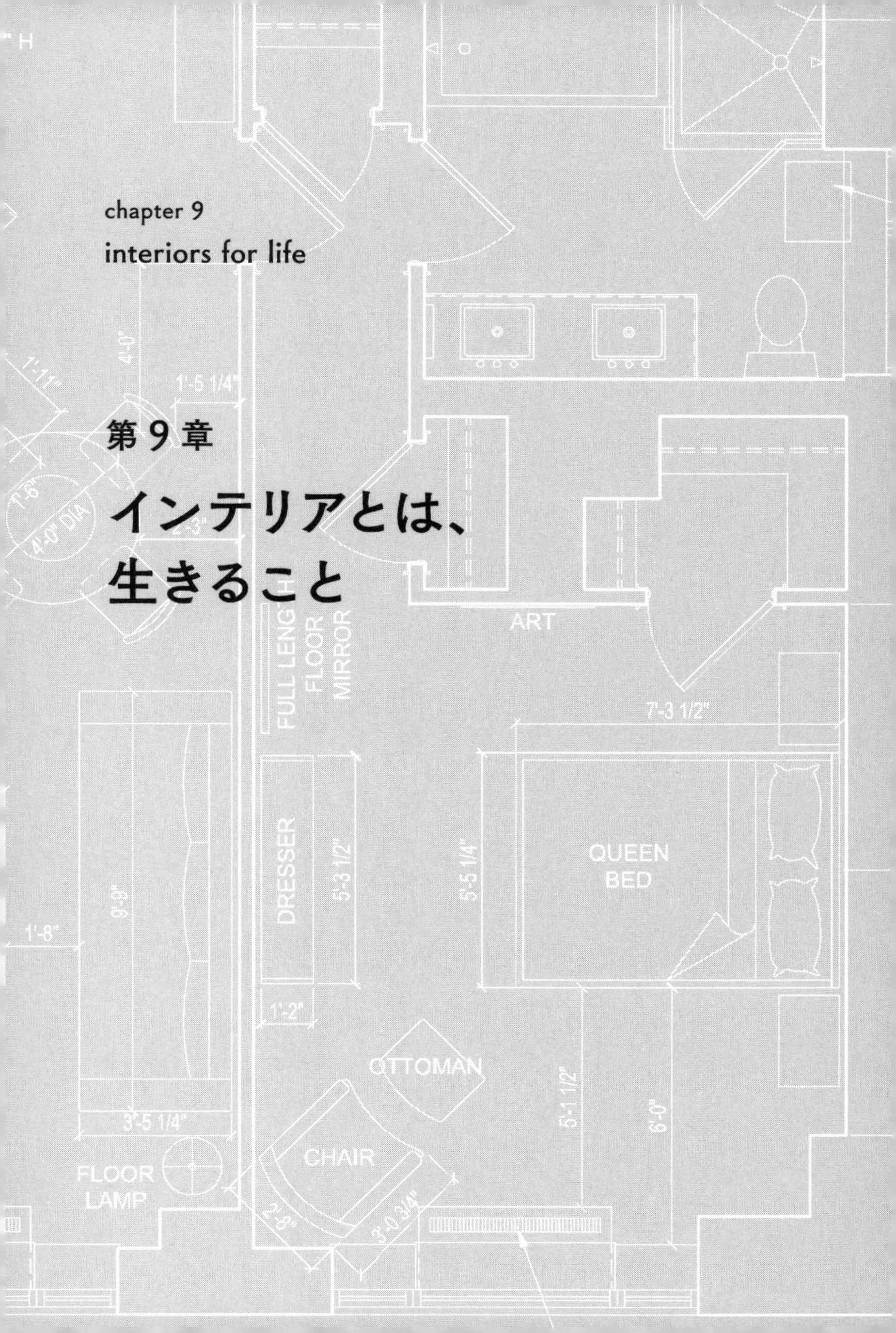

人生の分岐点に立ち会う仕事

人生の節目に出会う人、それがインテリアデザイナーとクライアントです。

それぞれの道を歩んでいく間には、必ずさまざまなことが起こります。人生では、ライフスタイルや環境に変化が起こり、ポジティブな経験もあれば、思いもよらないストレスが生じることもあります。その人生の節目と言えるターニングポイントで、インテリアデザイナーはクライアントと出会うのです。

冠婚葬祭もその人生の節目の一例です。

独身から結婚へ。その後、出産から育児、子どもの成長、そして新たな人生の好機や転機に、人は常にライフスタイルの向上や変化を求めています。人が生まれてから亡くなるまで、必ず一度は「住処」について考える瞬間があります。

実際に、私がアメリカでインテリアプロジェクトをしている過程でも、数多くのクライアントの転機や変化に出会いました。

家族を思い、夢である新築の一戸建てを建てた人。新築を建てインテリアデザインを考案中に離婚した人、また、結婚して中古物件を購入した人……。子どもの結婚、そして孫の誕生。両親や親戚が亡くなった人、失業した人、再婚した人など、数えることのできないくらいの人生の物語を目にしてきました。

このように、人がインテリアを変えようと思うタイミングというのは、人生の節目であることがほとんどです。クライアントの方々が意識しているにせよ、そうでないにせよ、私は、彼らの人生の分岐点に立ち会わせていただいていると考えています。その先の人生をどんな方向に進むのか、その分かれ道に立ち会わせていただいている以上、少しでも良い方向に進んでいくお手伝いをしたい。大げさに感じられるかもしれませんが、私自身はその瞬間、クライアントの人生を背負っているような思いで仕事をしています。

大切な家族と過ごす空間が、クライアントにとって少しでも良いものであってほしい。その空間で過ごした幸せなひと時が、彼らの人生を少しでも良い方向に導いてほしい。そんな祈りのような思いを持ちながら、仕事に向き合っています。

人が暮らす空間というものは、人生を良い方向にも、悪い方向にも変えるくらい、大きな影響力をもっているものだと考えています。

インテリアデザインとは何か

この本の冒頭で、インテリアデザイナーとインテリアコーディネーターの違いについて簡単にご説明しました。繰り返しになりますが、両者のいちばんの違いは、インテリアデザインは、既存のものを組み合わせるだけではなく、ゼロから作り上げるものだということです。

一般的に言われる「インテリアデザイン」とは、「アート（創造性）」と「サイエンス（技術や素材）」を組み合わせたものです。室内の空間をゼロから創造的に作り上げながら、同時に、最新の技術やさまざまな素材を機能的に用いるものだからです。

もちろん、その考え方は間違っていませんし、その通りだと思うのですが、私にとっての「インテリアデザイン」という言葉の定義は、少し違います。

私にとっては、「アート」と「サイエンス」のみならず、そこに「コミュニケーション」と「マインド（思い）」が加わって、はじめて「インテリアデザイン」と言えると思うのです。

本書を通じてお伝えしてきたことでもありますが、インテリアデザインは、クライアントの存在があってはじめて生まれるものです。だからこそ、「アート」と「サイエンス」だけでは成り立たず、クライアントとの「コミュニケーション」、お互いの「マインド」なしには決して語れないものなのです。

私がクライアントの話をとことん聞くことを重視しているのは、これまでお伝えしてきた通りです。そういったクライアントとのコミュニケーションの結果として、唯一無二のインテリアデザインというものが生まれているのです。

アーティストの場合、仕上がった作品にはサインが記されます。一方、インテリアデザイナーの作品は、クライアントに引き渡された瞬間、彼らのものになります。そこに、デザイナーのサインは記されません。けれど、私がクライアントとともに作り上げたデザインには、必ず私自身のクリエイティブの跡が残っています。それは、以前の仕事の焼き直しではありませんし、ましてや、誰かのコピーでもありません。一期一会によって生み出されたひとつひとつのデザインすべてに、目には見えない私のサインが記されていると思っています。

安全な住空間を作る

住空間を「安全な空間にする」と言うと、当たり前のように聞こえるかもしれません。けれど、実際には、安全が守られていないケースもあります。見た目の美しさはあるけれど、住む人の安全が脅かされているケースがあるのです。

たとえば、室内の塗料ひとつ選ぶのでも、化学物質過敏症やシックハウス症候群などへの配慮が必要です。

また、構造上の安全ということでわかりやすい例を挙げるとすれば、リビングから直接続くタイプの階段です。通常は廊下があり、その先に階段が続く家が多いですが、省スペースのためだったり、開放的なデザインにするために、吹き抜けになったリビングから、直接、階段がつながっているデザインがあると思います。

私が気になるのは、その手すりの部分です。日本では、デザイン性や開放感を重視して、手すりの支柱の間隔を広くとるケースが数多くあるのですが、アメリカでは、そういったデザインは認められていません。万が一でも、支柱の隙間から子どもが落ちる危険があるようなデザインはしてはいけないことになっているのです。

似たような例では、ロフトもあります。日本では、ロフトの立ち上がりの壁が低いケースが多いですが、アメリカでは、絶対に人が誤って落ちない高さに決められています。

日本の建築家の方とお話をしていると、「アメリカはデザイン重視で規制がゆるい」と思っている方もいらっしゃるのですが、実際にはそうではありません。とりわけ、住む人の安全に関する規制は、アメリカの基準の方が厳しいと思います。

ともすると、インテリアデザイナーが作る空間はおしゃれなだけ、と思われがちなのですが、実際にはそうではなく、住む人の安全というものを大前提に考えているものなのです。

「超越したデザイン」の意味

成功されている日本人の起業家の方にお目にかかった時のことです。その方が、私にこんな質問をしてきました。

「もし、私があなたに、予算のことは考えずに、自由に、そして超越したデザインを創造してくださいと依頼したら、どのようなインテリアを生み出しますか？」

私はその時、ためらわずにこう答えました。

「私はすべての人の共感を得る『超越したデザイン』というものはないと思っています。なぜなら、インテリアデザインは、予算や広さといったさまざまな制約と、施主の思いの中から生まれるものだからです。デザイナーという仕事は、制約と施主の思いを受け止めて模索し、施主一人一人にとって、唯一無二の『超越したデザイン』を考え抜いていくからおもしろいのです」

それから私は、その方の話を1時間ほど伺いました。その短時間の会話の中で、彼が世界中のさまざまなものを目にし、欲しいものはなんでも手にして、良いものも、悪いものも知っていることがわかりました。

では、彼に提案するインテリアとはどんなものなのか。

本当の答えは、もっと長い時間をかけ、とことん彼の話を聞いて、コミュニケーションを交わさないと出てこないものです。

ただ、その場で答えを求められた私は、彼にこう伝えました。

「何もない部屋が良いのではないかと思います。温かみのある自然素材を活かした空間で、ご自分の心と向き合って、健やかな気持ちで瞑想できるようなお部屋です」

直感でそう察したからです。その言葉が、彼の価値観に触れたかどうかは定かではありません。ただ、私の答えは彼の予想外のものだったようで、柔らかな表情で笑みを浮かべてくれました。

大切なのは、あなたがどう生きたいのか

アメリカで私に依頼してくださるクライアントの多くは、「自分の空間でどのように過ごしたいか」という具体的な考えをしっかりと持っています。日頃から、自分にとって良いものを見極め、「自分の好み」や「自分の嗜好」を追求されているからこそ、数多くいるインテリアデザイナーの中から、私を選んでくれているのです。

その一方で、自分がどのようなインテリアに囲まれて過ごすことが最善なのかわからないとか、自分の好みやデザインの方向性がわからないので一緒に見極めて欲しい、というクライアントも一定数います。

そんな時、私はいつものように、さまざまな角度から質問をしていきます。けれど、そういった数えきれないほどの質問も、つきつめれば、「あなたはどうしたいのか?」あるいは、「あなたはどう暮らしたいのか?」ということを聞き出し、引き出しているのだと思っています。

彼らが当初わかっているのは、自分がいまの住居に満足していない、ということだけです。けれど、私の質問にひとつひとつ答える過程で、徐々に自分の好みを知り、自分の心が求めているものを見出していきます。

これまでの経験から感じるのは、どんな人でも心の奥に「どうしたいのか」「どう暮らしたいのか」という質問に対する答えをもっているということです。けれど、多忙な毎日の中で、心の余裕がなくなり、自分自身の本心が見えなくなっているだけなのです。私はそんな彼らに対して、「聞くこと」を通して、ご自身の本当の気持ちに気づくお手伝いをしているのだと思っています。

「あなたはどうしたいのか」あるいは「あなたはどう暮らしたいのか」という問いかけは、あくまでインテリアを作り上げていくためのものです。けれど、本書の冒頭でも書いた通り、私自身は、「インテリア=生きること」だと考えて仕事をしています。

ですから、「どう暮らしたいのか」という問いに対して答えを見つけていくことは、「どう生きたいのか」を探していくことと同じです。私は、クライアントのみなさまに、「どう生きたいのか」という自分の心の奥にある気持ちに気づいていただくことで、豊かな人生を歩むお手伝いをできたらと願っています。

おわりに
自分の色をもつカメレオン

私はよく、インテリアデザイナーという仕事をカメレオンにたとえてご説明しています。ご存知の通り、カメレオンという動物は、環境に合わせて、自分の色を変化させていきます。木や枯葉の多い場所では茶色に、またある時は、植物の柄に合わせて縞模様にもなります。

インテリアデザイナーも同じです。ある時は、クライアントの気持ちに寄り添って心地よい空間を追求し、ある時は、工務店の立場になって施工の相談をし、クライアントとの橋渡しを行います。

ただし、カメレオンにも元の色があるように、インテリアデザイナーにもそれぞれの色があります。その時々で、常に相手の立場に立って考えながら、プロとして独自の提案をする。そんな風に、自分の色を明確に持ちながら、これからもクライアントに寄り添って豊かな暮らしを作るお手伝いをしていけたらと思っています。

なぜいま、再び日本に

最近、日本で仕事を始めた理由はいくつかありますが、ひとつには、やはり私の母国であるということです。母国である日本に貢献したい、という思いがあります。そして、日本の方に伝えたいメッセージがあります。

室内の空間づくりにデザイナーを雇う、しかも商業施設ではなく住宅のデザインに……というと、日本ではどうしても「贅沢」と見られがちです。でも、実際には贅沢なことではなくて、とても身近なものだということをお伝えしたいのです。

室内をどんな空間にして、どんなものを置くのか、というのは、ただの「モノ」の話ではありません。住宅のインテリアにはそこに暮らす人たちの人生があります。私が「インテリア＝生きること」と考えていることは前にもお伝えしました。豊かに生きるためにインテリアデザインがある、ということを日本のみなさんにお伝えしたいと考え、日本での活動を増やしています。

どんな部屋であっても、自分の住みたい空間を作ることは必ずできます。たとえば、何かひとつでいいから、自分の好きなものを室内の目につくところに置いてみる。それだけでも、家に帰った時のテンションは上がるはずです。あの時にこの植物を気に入って買ってきたんだとか、この帽子に一目ぼれしたんだった……などと思えること。それだけでも生活というものは変わるのです。

もうひとつは、「私にもできたのだから、きっとあなたにもできるよ」というメッセージを、多くの方に届けたいという思いもあります。

小さな頃から、特に何か秀でたものがあったわけではない私でも、自分を信じて進んだ結果、生きる道を見つけることができました。だから、もしいま、かつての私と同じように劣等感を抱えている人がいたとしても、あきらめないでほしい。私のこれまでの経験の中から、何かひとつでも参考にしてもらえるものがあるならシェアしたい、という気持ちでこの本を書きました。

この本を手に取ってくださったみなさんに、日々の仕事や暮らしの中でのヒントを得ていただけたら、それに勝る喜びはありません。

私自身、日々、変化をして、成長をしていきたいと考えています。

これからも、目の前の一人ひとりの笑顔を見るために、とことん話を聞いて、全力を尽くして仕事に向き合っていきたいと思っています。

写真　©Memories TTL（P65上）
©Peter Rymwid（P65下）
©Ashley Avila Photography（P66〜68）
©D Wang Photo（P69、72）
©Troy Campbell Photographer（P70、71）

本書は書き下ろしです。

ニューヨークのクライアントを魅了《みりょう》する
「もう一度《いちど》会《あ》いたい」と思《おも》わせる会話術《かいわじゅつ》

発　行　2023年5月25日

著　者　吉田恵美《よしださとみ》

発行者　佐藤隆信
発行所　株式会社新潮社
〒162-8711　東京都新宿区矢来町71
電話　編集部　03-3266-5611
読者係　03-3266-5111
https://www.shinchosha.co.jp

装　幀　新潮社装幀室
組　版　新潮社デジタル編集支援室
印刷所　株式会社光邦
製本所　大口製本印刷株式会社

ISBN 978-4-10-355071-6 C0030